帝国的归宿

隋朝卷

于之伟 李鹏◎主编
严明贵◎著

中国华侨出版社
·北京·

图书在版编目（CIP）数据

帝国的归宿．隋朝卷 / 严明贵著．—北京：中国华侨出版社，2017.12

ISBN 978-7-5113-7240-6

Ⅰ．①帝… Ⅱ．①严… Ⅲ．①中国历史—隋代—通俗读物
Ⅳ．① K209

中国版本图书馆 CIP 数据核字（2017）第 297395 号

帝国的归宿．隋朝卷

著　　者 / 严明贵
责任编辑 / 高文喆　王　委
责任校对 / 高晓华
经　　销 / 新华书店
开　　本 / 880 毫米 ×1230 毫米　1/32　印张 / 8　字数 / 194 千字
印　　刷 / 北京溢漾印刷有限公司
版　　次 / 2018 年 5 月第 1 版　2018 年 5 月第 1 次印刷
书　　号 / ISBN 978-7-5113-7240-6
定　　价 / 32.00 元

中国华侨出版社　北京市朝阳区静安里 26 号通成达大厦 3 层　邮编：100028
法律顾问：陈鹰律师事务所
编辑部：（010）64443056　　64443979
发行部：（010）64443051　　传真：（010）64439708
网　址：www.oveaschin.com
E-mail：oveaschin@sina.com

序

钱穆先生说到中华文化的三个特点，一是历史悠久，二是不间断，三是记载详密。环顾全球，恐怕没有哪个民族如中华民族这样重视历史。中国可以说是世界上历史最为完备的国家。

学习历史的意义何在？我理解应该有三个层次：第一，了解我们的先人是如何生活、如何思考的；第二，了解我们的民族是如何发展、繁衍至今的；第三，从中摸索出一些规律，以推动和促进我们当下的生活。很多人在学生时代或多或少对历史都有一点恐惧心理，枯燥的时间地点，乏味的典章制度，为了应付各种考试，不得不死记硬背。但是，当我们积累了一些社会经验，增长了一些人生阅历之后，却会发现，生活中时时处处都有历史的影子在摇曳，那感觉似是而又非、真切而又恍惚，今天好像是昨天的重现，但却又与昨天有着完全不同的意义。这一切，驱动着你想去探寻，是什么造成了昨与今之间的同与不同，是什么导致了今与昨之进步与反动。这就是历史的魅力所在。

前辈学者阐释学习历史的态度时，特别指出，对于本国历史应该持有一种温情与敬意，应该有一种理解之同情。只有满怀温情与敬意、抱着理解之同情，才能同时摒弃妄自菲薄与狂妄自大，以一颗平常心去面对我们民族五千年的文明史，并从中有所收获。

新中国成立以前，人民受教育程度普遍偏低，普罗大众的历史知识主要来自两种通俗文艺形式——评书和戏剧。义务教育普及的今天，历史仍然是大众读物乃至大众娱乐的重要内容。充斥银幕的热播剧、各大图书排行榜上的畅销书，许多都是以历史为题材。另外，学者皓首穷经的研究成果，则很少有人问津。冷静一想，这种现象不仅发生在我们大陆，即便在今日之美国、日本以及中国的台湾、香港，也无不如此。在世界华人社会里，是陈寅恪的《柳如是别传》，还是金庸的《鹿鼎记》发行量大？同是“三国”，读《三国志》的有几人，《三国演义》却是家喻户晓。小说《三国演义》《鹿鼎记》乃至电视剧《三国演义》《鹿鼎记》等对培养青少年历史兴趣的功能不容忽视。回想我们这一代历史学者，有多少人是因为读《三国演义》《水浒传》而喜欢上历史并走上专业研究道路，又有多少人一开始就是捧读《史记》《资治通鉴》的？显然是前者。

因此，不必鄙视大众读物，不必轻视大众读物乃至影视作品对于唤起人们对历史、对历史学产生兴趣的作用。同时，不可否认的是，有些大众读物、影视作品粗制滥造，闹了很多令人啼笑皆非的笑话，造成了不良影响。

《帝国的归宿》丛书出版在即，中国华侨出版社的年轻朋友嘱我为这套通俗历史读物写一篇序言。丛书将“以史为鉴，可以知兴衰”作为选题宗旨，详述秦汉隋唐宋元明清等主要朝代的兴亡过程。粗读全稿，与一般历史读物相比似乎并无特别之处。细读之下，却感受到了其中的与众不同。丛书作者都是在科研、教育一线的青年史学工作者，他们秉持史学研究的科学方法，带着一份学术的尊严，投身大众读物创作，其热情与严谨洋溢于字里行间。全稿宏大叙事与历史细节并重，在正确的史学理论之下，从史料出发，切实做到了言必有据。特别难能可贵的是，不少作者将学界的新成果融会贯通，以普通读者喜闻乐见的方式进行传播和推广，这就是我们通常所说的科学普及工作。这一点在丛书的唐朝卷、元朝卷、明朝卷中都有很好的体现。

相信，这套丛书能够在众多大众历史读物中脱颖而出，得到广大读者的认可。

是为序。

方志远 丁酉秋九月望日

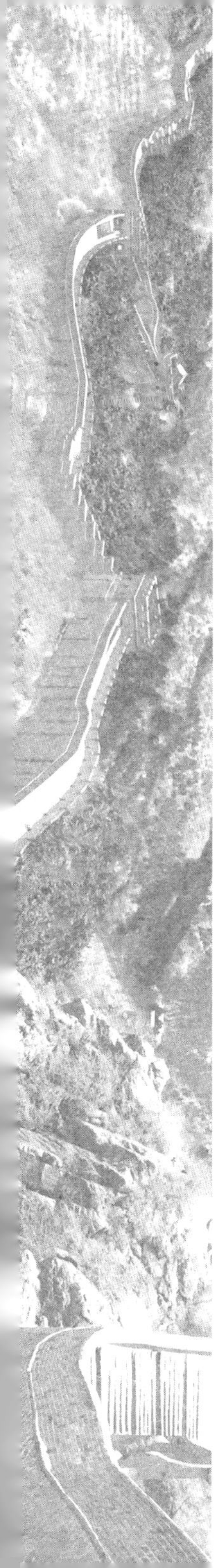

目　录

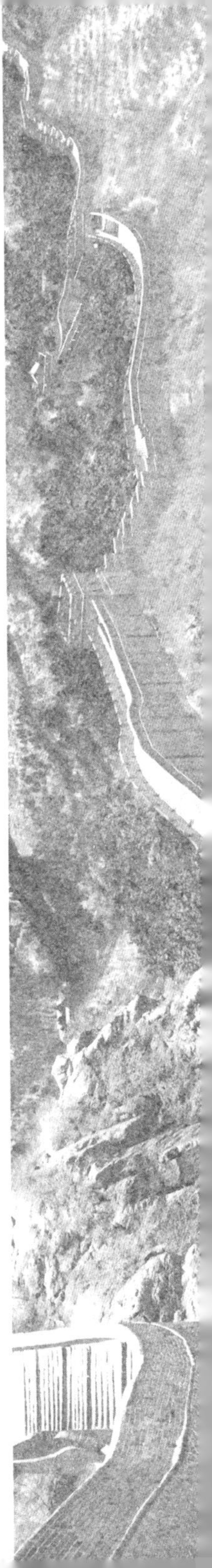

第一章 仁寿之变

公元 581 年，既是历史长河中极其普通的一年，也是极为非凡的一年。

说“普通”，因为这一年对于大多数人而言，生活似乎并未发生多少令人刻骨铭心的大事，日子就在这日复一日的平淡中逝去；说“非凡”，因为在这一年北周被外戚杨坚褫夺皇位，大隋代周，一个新的时代由此拉开了帷幕。大隋帝国由此登上了历史舞台，从而开创了一个新的大一统时代，结束了此前长达 360 余年的魏晋南北朝大分裂局面。这一年，对于大多数的普通民众而言，最高权力的转移，不会在他们心中引起丝毫的涟漪；而对于某些人而言，则是具有非同寻常意义的。

这一年，杨坚受禅建立大隋政权；这一年，13 岁的杨广离皇位更近了一步，当然此时的他尚未意识到这一点。

公元 581 年，伟大的隋唐时代之大幕徐徐地拉开了！

第一节 大隋一统，开皇之治

北周静帝大定元年(581年)二月甲子日，杨坚受禅即皇帝位，在临光殿登基，定国号为“隋”，改元开皇，宣布大赦天下。大隋帝国以全新的姿态，开创了隋唐盛世。虽然隋朝二世而亡，但它所留下的丰厚遗产，却深刻地影响着后世。

开皇之治

开皇是隋文帝杨坚统治时期的年号之一（581—600年）。开皇之治是杨坚在位二十余年中开创的盛世，当时社会民生富庶、人民安居乐业、政治安定。杨坚倡导节俭，减免政府内不少开支、废除了不必要的杂税并设置谷仓储存粮食。杨坚成功地实现了历经数百年严重分裂后的中国重新大一统局面，从此中国在大多数的世纪里都保持着大一统的政治传统。

开皇年间，盛世气象恢宏磅礴。杨坚下令修建新都大兴城(即后来唐都长安)。大兴城的修建，不仅是中国古代城市建设规划高超水平的标志，也是当时国家的经济实力和科技水平的综合体现。大兴城乃当时的“世界第一城”，它的设计和布局思想，对我国后世都市建设及日本、朝鲜都市建设都有深刻的影响。“鸿恩大德，前古未比……七德既敷，九歌已洽，要荒咸暨，尉候无警。于是躬节俭，平徭赋，仓廪实，法令行，君子咸乐其生，小人各安其业，强无凌弱，众不暴寡，人物殷阜，朝野欢娱。二十年间，天下无事，区宇之内晏如也。考之先王，足以参踪盛烈。”这就是《隋书》里的“开皇之治”。杨坚一系列的改革措施，大量地减少了国家的财政开支，增加了国家的财政收入。开皇十七年（597 年），“户口滋盛，中外仓库，无不盈积。所有赉给，不逾经费，京司帑屋既充，积于廓庑之下，高祖遂停此年正赋，以赐黎元。”

隋朝前后存在了 38 年（581—618 年），帝国的疆域范围超过了以往任何一个朝代。唐朝直到贞观四年（630 年）都未能完全恢复到隋朝的统治范围。大隋的军队重创了突厥、吐谷浑、契丹、高丽，阻止了北方主要少数民族的强大与崛起，在军事与政治上取得了空前辉煌的胜利。《剑桥中国隋唐史》这样评价道：“隋朝消灭了其前人的过时的和无效率的制度，创造了一个中央集权帝国的结构，在长期政治分裂的各地区发展了共同的文化意识，这一切同样了不起。人们在研究其后的伟大的中华帝国的结构和生活的任何方面时，不能不在各个方面看到隋朝的成就，它的成就肯定是中国历史中最引人注目的成就之一。”隋朝东都洛阳及各地的粮仓，大的可储粮千万石，小的也储粮几百万石，都储满了谷物。长安、洛阳和太原的国库中，储存的绢帛各有数千万匹。杨坚临终时，天下仓库的积储可供全国五六十年正常使用。

挥师南进，统一全国

公元6世纪的最后20年，中华大地经历了一场深刻的变革。在这片宏阔的舞台上，大隋帝国雄踞北方，统治着长江以北到长城沿线的辽阔疆域，国势蒸蒸日上，威服四方；长江以南的广阔大地上，南朝最后一个政权陈朝正在后主陈叔宝的昏聩统治下苟延残喘，君臣生活奢靡，政局混乱不堪；长城以北则是由新崛起的突厥帝国所控，突厥政权对隋帝国的北部边境构成了严重威胁。

隋帝国虽然在北周统一黄河流域的基础上日益强大起来，却面临着陈朝与突厥南北夹击的困境。为了摆脱这种尴尬局面，隋文帝杨坚一方面励精图治，从政治、经济、军事等多方面入手，采取了一系列改革措施，使隋政权实力蒸蒸日上；一方面制订南伐陈朝的周密计划。随着国内统治的日益巩固，大隋南下灭陈、全国一统的时机逐渐成熟。

开皇八年（588年）十月，大隋展开了统一全国的军事行动。隋文帝在寿春设置淮南行台省，以次子晋王杨广为尚书令，统筹各路兵马，全面负责灭陈的战役；另以高颎为元帅长史决断行军谋略，辅佐杨广。不久，又以晋王杨广、秦王杨俊、清河公杨素为行军元帅。杨广统领大军出六合、杨俊出襄阳、杨素出永安、荆州刺史刘仁恩出江陵、蕲州刺史王世积出蕲春、庐州总管韩擒虎出庐江、吴州总管贺若弼出广陵、青州总管燕荣出东海。各路大军共总管八十、兵五十一万八千，皆受杨广节制，向陈发动了全面进攻。

面对隋军的大举南下，陈后主陈叔宝却仍沉迷于声色犬马的生活中，奢靡程度令人咋舌。陈朝君臣既不做任何应战准备，也丝毫没有意识到亡国危机的来临。陈叔宝自我安慰道：王气在此。齐兵三来，周师再来，无不摧败。都官尚书孔范也附和说：长江天堑，古以为限隔南北，今日虏军岂能飞渡邪！并诬蔑“边将欲作功劳，妄言事急”。正是陈朝君臣上下纸醉金迷、疏于备战，隋军才能够得以顺利渡过长江天堑。

开皇九年（589 年）正月，贺若弼、韩擒虎分别自广陵、庐江先后渡江。当时，陈朝都城建康尚有军队十余万人，但由于陈叔宝怯懦无能，也不懂军事，只知日夜啼哭，把一切大权交给嫉贤妒能的施文庆，有才能的文官武将不能发挥作用，致使隋军很快攻下建康。陈叔宝与其爱妃张丽华、孔贵嫔三人在建康城破之际匆匆跳入枯井，企图能躲过劫难，但不幸最终还是被隋军所俘。长江上游的陈军知大势已去，也都解甲投降。至此，陈朝灭亡，大隋实现了统一全国的大业。

杨坚结束了中国上百年来分裂的局面，也结束了中国三四百年的战乱时代。隋文帝采用长孙晟的“远交而近攻，离强而合弱”的战略，主要运用和亲政策拉拢分化突厥，使突厥耗于内战，从而各个击破。开皇十八年（598 年）突厥内讧，突利可汗奔隋，以突利为启民可汗，筑大利城居之。仁寿二年（602 年）隋军大破突厥，夺回了河套地区，把边界扩展到阴山以北。杨坚开创的“甲兵强盛”“风行万里”的隋王朝，致使“金陵失险”“单于款塞”。隋的统一标志着胡汉文化嫁接的完成。

作为全军统帅的晋王杨广，在灭陈战争中不仅充分展示出其卓越的军事政治才干，而且在随后的十余年间对故陈辖地的经略，也使他越来越热爱这片沃土。这也使得杨广在其最后的人生岁月中，在全国局势日益恶化，尤其是大兴、洛阳东西二都全部失控的形势下，不愿意再班师回归的主要原因。

政治新星，崭露锋芒

江都（今江苏扬州），是一座闻名遐迩的历史名城，隋唐时期更是一座繁华的大都市。作为一个皇朝的缩影，江都留下了隋炀帝杨广的很多故事。扬州，是隋炀帝伟业的起点、生命的终点，铭刻着隋炀帝人生的辉煌与骄傲，也遗留下他的耻辱与悲戚。

杨广，出生在北周武帝天和四年（569 年），是随国公杨坚次子。自从杨广降生的那一刻起，一个光明而充满美好希望的世界就在他的眼前渐次展开。伴随着他的慢慢长大，种种令世人艳羡的事物——地位、身份、权力、荣誉等，就像一枚枚金灿灿的种子，被上苍不断地植入了他的血液里。上苍给予杨广的第一份馈赠是一个聪慧的大脑和一副俊美的脸庞，无论相貌还是气质，杨广都称得上是人中龙凤。随着杨广逐渐长大，长安城里的众多豪门显贵越来越对这个明眸皓齿、聪明伶俐的杨家二公子印象深刻了。杨广待人接物显得极有教养，有一股英气勃发的魅力。作为长子的杨勇，在杨广这股天之骄子般气度的映衬之下，则显得黯然失色。父亲杨坚和母亲独孤氏对于这个英武又不失乖巧、聪慧又才华横溢的二儿子可谓宠爱有加，甚至很多时候都让作为哥哥的杨勇心生忌妒。

如果历史可以重来，杨广在江都临终前可会有一丝后悔？如果当年父亲不曾受禅称帝创建大隋，自己是不是也会像很多贵族子弟那般，享尽人生繁华之后终老一生，而不是像自己这般被臣下背叛、自缢而亡！这一切都已经回不去了，随着父亲杨坚在长安登基、大隋皇朝建立的那一刻起，杨广的命运就注定了与那些世家子弟的不同。无论愿意与否，皇子的身份决定了他后来的选择，其实也是一种无奈之举。当然，此时的杨广可能还不知道父亲的所作所为意味着什么，因为毕竟他只有 13 岁。

开皇元年（581 年）的二月二十五日，在杨坚登上皇位仅仅 11 天后，13 岁的杨广就被父皇册封为晋王、柱国、并州总管（治所晋阳，今山西太原）。一年后，隋文帝再次擢升杨广为武卫大将军，晋封为上柱国、河北道行台尚书令，仍旧坐镇并州。并州是大隋帝国防御北方突厥入侵的战略要地，隋文帝杨坚将如此重要的位置交给少年杨广，同时还将政治和军事经验都极为丰富的得力辅臣王韶配给他，显然是希望杨广通过历练能迅速成长为独当一面的帝国屏藩。

杨广没有辜负父皇对他的殷切期望。开皇六年（586 年），因杨广在并州任上表现优异，杨坚特地将他调回朝中担任内史令（宰相）。虽然此项任命事实上只是实习性质，但足以表明杨坚对杨广的信任和器重已经远远超越了其他皇子。开皇八年（588 年），杨坚准备一举消灭偏安江南的陈朝，实现国家一统的战略目标。该年十月，隋文帝任命晋王杨广为淮南道行台尚书令，作为伐陈之战的最高统帅坐镇于与陈朝接壤的寿春（今安徽寿县）。大战前夕，杨坚把杨广放在了距陈朝国都建康最近的战略要塞，其用意不言自明。这一年，杨广刚刚 20 岁。对于 20 岁的杨广来说，这既是一项光荣而艰巨的任务，更是一次千载难逢的机遇！

开皇八年（588 年）十二月，在晋王杨广的统一指挥下，隋帝国集结的五十多万大军，兵分七路，在西起巴蜀、东至建康的数千里战线上，对陈朝发起了全面进攻，战争规模空前，声势浩大。昏聩的陈后主根本不堪一击，原本就摇摇欲坠的陈朝江山在隋朝大军摧枯拉朽般的攻势下迅速土崩瓦解。开皇九年（589 年）正月二十日，杨广统率的大隋军队几乎不费吹灰之力就取得了这场统一战争的胜利。这场军事行动出乎意料地顺利，这是大隋开国以来意义最为重大的一次统一战争。它结束了自西晋末年以来国家分崩离析的长期分裂局面，实现了帝国的重新一统，并开创了隋唐盛世的浩大时代。

进入陈朝国都建康（今江苏南京）后，杨广不但对百姓秋毫无犯，而且立即命令属下收取陈朝的档案图籍，而且“封存府库”，“资财一无所取”；一时间，“天下皆称广，以为贤”。通过这场战争的胜利以及占领建康后种种成熟的政治表现，杨广理所当然地获得了朝野上下的广泛赞誉，由此为自己赢取了空前巨大的政治资本。隋文帝杨坚更是欣慰不已，随即晋封杨广为太尉，并且大加赏赐。在随后的几年时间里，杨广成了名副其实的帝国屏藩，总是在关键时刻被父亲安排在帝国最需要的地方。比如平灭江南之后，北方边境的突厥人又蠢蠢欲动，杨广立即回镇并州；稍后江南各地又发生大规模叛乱，杨广马上被调任扬州总管，坐镇江都（今江苏扬州）；几年后突厥再度入寇，杨广又被任命为行军元帅北上御敌……虽然隋文帝杨坚也同样给其他皇子分封了官爵并提供了历练的机会，但是没有人会否认，开皇八年之后的杨广已经成为大隋帝国最为耀眼的一颗政治新星，同时也是五位皇子中能力最突出、品质最优秀、最为世人称道和瞩目的一个。隋文帝与独孤皇后对于次子杨广的赏识与重用，为杨广施展自己的政治才华提供了最佳舞台，也为他后来夺取太子之位打下了最为坚实的基础。

当年，没有人会怀疑，随着时光的推移，随着大隋帝国的日渐昌盛，杨广在帝国舞台上所展现的所有优异品质，会带给他人生一次又一次的辉煌；这些让人心动也让人艳羡不已的幸福种子，一定会在年轻杨广生命历程的每一个节点上萌发崭新的嫩芽，他的人生注定会像花朵一样绽放出绚烂的色彩。

第二节　储君为谁？龙争虎斗

东宫失宠

一个帝国，最重要的是什么？不同的人给出的答案自然是五花八门，可谓见仁见智。但是，对于帝国最高统治者皇帝而言，除了牢牢将皇权掌握在自己手里之外，恐怕只有帝国的延续才是头等大事吧！换言之，保证帝国命脉得以长存的根本保证是挑选出最优秀的皇位继承人。所以，每一朝代对于皇位继承人的安排都可谓煞费苦心，甚至在一些朝代成为皇帝最为头疼的问题。历史上，为了争夺帝位而父子反目、兄弟相残的血腥斗争比比皆是。因此，在大隋立国之后，为了保证帝国能够长治久安，对于皇位继承的制度性安排早就被当作一项国策决定下来，在杨坚登基的第二天，便册立长子杨勇为帝国皇太子。

据史书记载，随着年岁渐高，隋文帝杨坚到了晚年性格变得越来越猜忌多疑，厉行节俭似乎走向了病态，对身边的文武大臣极为严苛。他甚至抛却了早年宽厚仁爱的行事风格，大肆杀戮功臣，使大隋帝国上下人人自危，很多朝臣都变得小心翼翼起来。但是，这些对于身为太子的杨勇似乎没有丝毫触动，因为在杨勇看来，父皇再如何乖戾，自己的太子之位都固若金汤，不会有丝毫动摇。殊不知，杨勇的这番自以为是、恣意妄为，正在将自己陷于万劫不复的境地。最终，杨勇不仅丢掉了原本稳如泰山的太子宝座，而且葬送了自己的身家性命。

杨勇似乎更多地继承了其母后独孤氏鲜卑族血脉中的遗传基因，生性率真豪爽，为人宽厚、不拘小节。与其父皇杨坚生性节俭截然不同，杨勇从不掩饰自己奢华的做派，也丝毫不懂得检点自己的言行。对于太子的骄奢，隋文帝也曾苦口婆心地劝诫，自古以来，从来没有哪个帝王长久地过着奢靡的生活而能够让自己的国家长治久安。相反，更多的是反面教材，很多人因为过度挥霍、追求安逸享乐而葬送掉自己的皇位。身为太子，将来是要继承大统的，所以从现在开始就要养成节俭的习惯，将来才有资格奉祀宗庙。

对于父皇的谆谆教诲，杨勇丝毫不以为然，依然我行我素，不仅奢侈铺张没有削减，而且对礼制的僭越也越来越引起了杨坚的猜忌。

司马光《资治通鉴·卷一七九·隋纪三》中记载，一年冬至，按例朝中百官到东宫晋见太子。面对众朝臣的来贺，杨勇特意安排一支大型乐队作仪仗。敏感的老皇帝对于杨勇僭越礼制的行为十分恼火，便在朝会上询问朝臣，“近闻至日内外百官相率朝东宫，此何礼也？”对于皇帝陛下的发问，太常少卿辛亶奏答：“于东宫，乃贺也，不得言朝。”文帝接着问道：“贺者正可三数十人，随情各去，何乃有司征召，一时普集！太子法服设乐以待之，可乎？”文帝遂下诏：“礼有等差，君臣不杂。皇太子虽居上嗣，义兼臣子，而诸方岳牧正冬朝贺，任土作贡，别上东宫；事非典则，宜悉停断！”从此太子杨勇“恩宠始衰，渐生猜阻”。

而对杨勇太子之位构成更致命伤害的，则是他的母亲独孤皇后。杨勇的我行我素、恣意妄为，被他的母后独孤氏视为失德，她对太子的反感与厌烦也与日俱增。

杨坚夫妻二人相濡以沫几十年时间，荣辱与共，夫妻间有着非同一般的感情和影响力。有人说杨坚怕老婆，这或许是有一定道理的：独孤氏在世时，杨坚在位二十年，虽然贵为皇帝，后宫佳丽无数，但杨坚却极少专宠他人；而在独孤氏去世后，杨坚就开始大肆宠幸宣华夫人与容华夫人。由此可见，一方面杨坚可能是出于尊重皇后或是惧内而不去宠幸后妃；另一方面也说明独孤氏对于皇帝的影响力之大。

独孤氏平生最痛恨男人好色。不仅严格限制自己丈夫亲近后宫嫔妃，而且对自己的五个儿子也“一视同仁”。但是，自从做了太子，长子杨勇便日益骄纵跋扈，不仅好色妄为，而且还把自己为之明媒正娶的太子妃元氏彻底晾在一边，专宠出身低微的云昭训（东宫妃号），致使元妃整日郁郁寡欢，不久便暴病身亡。对于元妃的早夭，独孤氏在伤心难过之余，除了把杨勇训斥一顿之外，却也无力改变既成事实。但是，对于东宫，独孤氏对云氏，尤其是对太子的怨气，由此也开始滋生起来。太子妃元氏死后，备受杨勇宠幸的云氏俨然就成了东宫的女主人，很快就掌管了宫中的一切事务。除了云氏，东宫里妃嫔不断增加，生的孩子也越来越多，尤以男孩为多，给独孤皇后平添了许多叫不出名字的孙子，但是这不仅没有让她感到丝毫的欣慰与愉悦，反倒增加了她对太子好色的厌恶与痛恨，她越来越难以容忍太子，便派人密切关注东宫的动向，以便搜集杨勇的过失。

杨勇开始失宠了。这就为杨广夺嫡提供了契机。

杨广夺嫡

和中原皇朝宗法制强调立嫡立长的传统不同，北方少数民族长久以来都是能者居之，皇帝（可汗）诸多儿子都有机会上位。因此，杨勇的任性失宠，就为其他几个兄弟提供了争夺储位的契机。这其中，尤以二皇子晋王杨广最为突出。

大隋开国的最初十几年间，年轻的杨广在帝国的舞台上无疑是最为耀眼的政治新星。继承了鲜卑人血统的杨广，在不断积累自己政治资本的同时，深信只要自己足够努力、足够优异，那么就一定有资格和身为太子的大哥杨勇一争高下。作为一个自小就习惯于傲视同侪的皇子，更是一位在疆场上驰骋了十几年、经历了无数出生入死考验的统帅，杨广身上的血性决定了他绝不会安于命运的安排，也绝不会甘于一辈子只做一个把自己的命运交给别人的普通藩王。他的人生理想宏阔高远，要做就做一个大英雄，干出一番宏图伟业来！因此，他要向所谓的“命运”大声地说不！

杨广或许都不记得自己是从什么时候开始有了争夺储君之位的想法的。时间其实已经不再那么重要，重要的是这种想法一旦萌生，就像滋生的野草，一发而不可收，迅速地蔓延开来！

为了实现夺嫡立储的目标，杨广开始了周密的谋划。杨广的夺嫡计划缜密而完备，进可攻退可守，充分展现出杨广卓越的战略才华。杨广深知父母的好恶对于自己夺嫡计划的重要性，正是因为哥哥的不检点，才给了自己千载难逢的机遇。因此，杨广计划的核心围绕着争取父皇与母后的支持展开。概而言之，杨广的夺嫡计划主要在“内圣”与“外王”两方面做文章，具体分为三步走。

夺嫡第一步，重在“内圣”，即努力提升自我修养，迎合父母的喜好。

对于父母，杨广要首先做到投其所好，讨得父母的欢心。他深深知道，要想真正获得夺嫡的最后胜利，关键在父母。首先，要不断地提升自己的德行修养，尤其在日常的行为举止与待人接物方面，更是要克己自持。从懂事的时候开始，杨广就知道父亲杨坚崇尚节俭、厌恶奢靡，大隋建立后，以俭立国成为朝野上下一致奉行的基本国策，至于母亲独孤氏的好恶，杨广也是一清二楚。正是基于此，杨广首先要做的就是做好自己，学会隐忍和克制自己的欲望。虽然他很有野心，但是此时必须学会节制。因此，杨广开始学习如何把自己的梦想、激情、欲望这些与生俱来的东西控制好。面对种种诱惑与纷扰，他不为所动，至少在表面上做到了清心寡欲。在长达十多年的夺嫡道路上，杨广以坚韧不拔的高度自律精神在父母和天下人面前做到了恭敬仁孝、淡泊节俭、庄重自持、贤明通达。

无论是出于本性还是曲意逢迎，至少杨广在夺嫡的过程中能够十数年如一日地坚持，这本身就是值得肯定的。因此，一时间，帝国上下有关晋王的美谈传遍大街小巷。

《北史》《隋书》中皆有记载：尝观猎遇雨，左右进油衣，上曰：士卒皆沾湿，我独衣此乎！乃令持去。由此，侍从们由衷地感叹道，还是咱们这位晋王好，真是少有的仁义啊……

在“内圣”方面，杨广不仅要做到克己自持，还要做到夫妻和美、恩爱有加。这也是杨广夺嫡能够成功的重要一环。开皇二年(582年),14岁的晋王杨广与长自己2岁的西梁公主萧氏成婚。自从娶了萧氏之后，杨广夫妇便恩爱有加，琴瑟和谐，萧王妃先后为晋王府诞下杨昭、杨暕和杨铭三位小王子。对此，独孤皇后尤为欢喜，在独孤氏眼中，除了丈夫杨坚之外，这个二儿子几乎可以称得上是时代楷模、最完美的丈夫了。因此，无论人前人后，皇后会时常不由自主地赞叹：晋王贤明啊！独孤氏的枕边风，无疑对于隋文帝在太子的废旧立新问题上起到了至关重要的影响。

在“内圣”方面为杨广加分的还有他的待人接物。《资治通鉴》记载，杨广在江都坐镇十多年间，每当有皇帝身边的人到江都视察，无论来者地位高低、职务尊卑，晋王夫妇都会把他们奉为座上宾，不但每次都会亲自站在大门口迎接，而且美酒佳肴盛情款待，临别时晋王还会赠送给使者一笔丰厚的礼物。但凡到过江都的宫廷内侍只要谈及晋王及晋王妃，都会不约而同地竖起大拇指，并赞上一句：晋王夫妇实在是难得地仁孝！

夺嫡计划的第一步，杨广步步为营、稳扎稳打，以他高度的自制力和无懈可击的优异表现赢得了包括其父母在内的天下人的交口赞誉。十数年的克己持重与苦心经营，在世人眼中，杨广就是一个完美无瑕的道德君子和人臣楷模。这为他最终赢得太子之位奠定了坚实的基础。

当然，这只是其计划的开端。

夺嫡第二步，在“外王”上有建树，增加自己的政治资本。

杨广知道自己如果只是一个楷模，根本不足以在这场争夺储君之位的斗争中赢得胜利。他必须要有足够的政治资本，为他的夺嫡目标提供坚实的基础。为此，杨广从两方面着手，一方面就是在坐镇扬州的十年间延揽、结交江南名士精英，将江南治理好，使之成为自己夺嫡的坚强后盾；另一方面，则是在朝中寻找到坚强的盟友，只有形成最广泛的政治同盟，自己才能在夺嫡之路上占得先机，也能给自己在随后登顶皇位时组建一支强有力的执政团队！因此，这可以说是其夺嫡计划最为关键的一步。

作为曾经灭陈、统一江南的最高统帅，杨广随后被隋文帝委以重任——扬州总管，坐镇江都。在随后的十年间，并非像有的人所描述的，杨广只知道纵情声色、把酒临风，相反杨广几乎每天都十分繁忙。杨广不仅仅仪容俊美，还博学广闻，更兼具雄才大略。因此，他深深知道，在军事征服之后，要想使江南成为大隋帝国的繁荣稳定之地，必须要让江南的精英诚心归服。为此，杨广利用自己特殊的身份与权力，在江南地区极力招抚和拉拢江南的名士和各个领域的精英，每每和他们把酒对歌、吟诗作赋，用自己的才华和诚意延揽江南的上层精英。

此外，杨广还不遗余力地资助并参与江南地区的各种文化事业，积极鼓励和支持江南的教育、图书编纂及宗教事业等，他自视为江南佛教的最大护法者。佛教天台宗创始人智觊成了他拉拢的首要目标。开皇十一年（591 年）十一月，杨广在江都城内总管府金城殿设千僧会，隆重迎谒智觊，其礼遇之隆，可以比肩旧时陈朝君臣之礼。在此次隆重的典礼上，智觊为杨广授菩萨戒，杨广十分恭敬地拜智觊为师。智觊为杨广取法号“总持”菩萨，杨广奉智觊为“智者大师”，二人师徒关系从此确立。开皇十七年（597 年）智觊圆寂时，杨广“五体投地，悲泪顶受”，十分悲痛。他依照大师的遗愿，在天台山南麓修建了大寺院。及至杨广登基当皇帝后，御赐该寺庙名为“国清寺”。虽然智顗在有生之年并未依附隋朝，但他的门人弟子在其身后积极主动地向王权靠拢，天台宗在杨广的大力扶植下终于最先成为独立的佛教宗派。与智顗的交往，反映了杨广政治上的成熟，表现出极高的政治素养与政治手腕。

最后，杨广还在烦冗的政务之余效法东晋著名宰相王导，“言习吴语”，学会了一口流利的吴语……

杨广所做的这一切，不仅大大缓和了江南士人的敌对情绪，而且促使江南的各世家大族与上层精英很快就与杨广及其所代表的大隋帝国政府取得了文化意义上的认同。对于刚刚武力征服江南的隋帝国而言，还有什么能比快速取得被征服者江南人的文化认同更重要、更紧迫的吗？答案是显而易见的！因为，比“版图的归复”更加重要的，无疑就是“人心的统一”，而人心所向，才是保证大隋帝国统一局面能够持久的根本保障，这一点不言而喻。

杨广不仅敏锐地意识到了这一点，而且他更是成功地做到了这一点。在这位“允文允武，多才多艺”的晋王千岁殚精竭虑、克勤克俭的努力下，江南地区很快实现了人心思定、民生富庶，文化蒸蒸日上的大好局面。《隋书·炀帝纪》虽对杨广多有鞭挞，但在治理江南这一点上也不得不承认杨广的成功。它引述了当时江南士人情不自禁地对杨广所发的赞誉——“继稷下之绝轨，弘泗上之沦风！”

杨广一方面大肆招抚江南士人，一方面开始着手在帝国高层中寻求政治同盟。杨广周密谋划、步步为营，逐渐在帝国的政治高层建立起了一个以他为核心的最广泛的统一战线。谁也无法清楚地说出杨广在朝中拥有多少盟友，但大家彼此都心照不宣。在朝中，对杨广夺嫡起到决定性作用的有两个人，一是杨广的挚友宇文述，另一个则是帝国重臣、当朝宰相杨素。

宇文述是杨广的至交好友，时任安州总官。此人不仅精明强干，而且还是一个政治公关的高手。杨素是隋文帝杨坚的坚定支持者，两人不仅私交甚密，而且身为帝国宰相，在杨坚称帝及随后的二十余年间为大隋披肝沥胆，做出了卓越的贡献，深得文帝的器重。可以说，对隋文帝杨坚来说，内有独孤皇后，外有杨素，唯有此二人对他具有决定性影响。因此，在不断争取母后独孤氏的同情的同时，在朝中只有把杨素拉到自己的战车上，杨广的夺嫡计划才有最终实现的可能。在宇文述的运作下，杨广通过杨素的弟弟杨约与杨素结成了牢固的政治联盟。

杨广在向宇文述询问夺嫡良策的时候，宇文述为了坚定晋王的决心，进行了一番试探。在确定杨广的坚毅信念之后，宇文述向杨广表明杨素是满朝文武百官中唯一可左右皇帝心思之人。

杨广点头称是，宇文述与自己可谓不谋而合。如果真能将杨素拉进自己的夺嫡阵营来，自己的夺嫡大计就十拿九稳了。

于是，杨广与宇文述一起商讨如何争取到杨素的支持。最后他们决定从杨素的弟弟杨约处入手，作为杨素最依赖的人，有杨约去游说，那“拿下”杨素将不费吹灰之力！随之，宇文述采取“将欲取之，必先予之”的策略，对杨约发起了“金钱攻势”。

宇文述借探亲之名赶回长安，“顺便”拜会了好友杨约，老友相见，自然十分亲切，两人推杯换盏、酣畅痛饮，在酒意微醺之际宇文述提议要赌上一把，结果把自己手里的钱全部输光。第二天，宇文述再来，二人再次开怀畅饮、开赌，然后宇文述再次输光。如此这般，二人每天照例饮酒、照例赌博，而宇文述照例输钱。这可把杨约给乐坏了——这不是天天都有馅饼从天而降吗！关键是，每一次这掉下来的馅饼都能准确无误地砸中自己。

一天，杨约在照例被“馅饼”砸中之后，颇为感慨地对眼前的这位财神兼良友宇文述表达谢意。宇文述见时机成熟，便单刀直入地告诉杨约，“这是晋王千岁的赏赐，命我与你同乐。”杨约当场惊得目瞪口呆，微醺的酒意也给吓醒了。他直直地盯着宇文述，语气不善地责问：“这是为什么？”

身为公关高手的宇文述，便把自己酝酿已久的一套精妙说辞摆了出来：“您和越公兄弟二人，在当今朝堂上居功至伟，位高权重。相信您自己也十分清楚吧，长久以来无论愿意与否，贵兄弟与满朝文武或多或少都会有些瓜葛！而与你们结怨的仇人，恐怕数都数不清。太子殿下这几年间曾多次向朝廷提出要求，却总是不能如愿，他难免会把怨气归结到当朝的宰执头上。您兄弟二人虽然在当今圣上处得宠，同样想要找你们麻烦的人也不胜枚举。再说句不敬的话，如果有一天，皇上驾鹤西归，丢下群臣，你们凭什么能继续享有这荣华富贵？如果太子登上大统，您觉得您兄弟二人结果会如何？不过，您也不必过于担惊受怕，现如今太子失宠，圣上与皇后皆有废黜嫡子之意，这正是千载难逢的好时机啊！现在，如果越国公能出面，在皇上面前要求册立晋王，不但遂了圣上二人的意，而且也为您兄弟二人今后在朝廷中积累下更丰厚的资本！如果贵兄弟能抓住这个时机建立大功，晋王千岁一定会永远铭记在心的。这样，你们再也不必有累卵之危的顾虑了，定可稳坐泰山之安！”

宇文述的一席话，让杨约醍醐灌顶。在杨约的劝说下，内史令（即宰相）、越国公杨素便成了杨广夺嫡路上的忠实盟友。

在夺嫡计划取得一个又一个胜利之后，杨广开始了他“三步走”的第三步！即主动出击，让废黜太子、重立新储变成现实。第三步的关键，在于要让父母亲意识到废嫡立幼的紧迫性，必须及早痛下决心，否则的话他们的二儿子就将死无葬身之地！

要想达成这样的效果，杨广必须从悲情牌入手！杨广长期坐镇江都，按照大隋规制，身为藩王的杨广只能“每岁一朝”，一年只有一次回长安的机会。杨广就利用这唯一的一次朝觐机会，让父母之前犹豫不决的态度发生了根本性转变。

司马光《资治通鉴》中记载，广为扬州总管，入朝，将还镇，入宫辞后，伏地流涕，后亦泫然泣下。广曰：“臣性识愚下，常守平生昆弟之意，不知何罪失爱东宫，恒蓄成怒，欲加屠陷。每恐谗谮生于投杼，鸩毒遇于杯勺，是用勤忧积念，惧履危亡。”后愤然曰：“睍地伐渐不可耐，我为之娶元氏女，竟不以夫妇礼待之。专宠阿云，使有如许豚犬。前新妇遇毒而夭，我亦不能穷治，何故复于汝发如此意！我在尚尔，我死后，当鱼肉汝乎！每思东宫竟无正嫡，至尊千秋万岁之后，遣汝等兄弟向阿云儿前再拜问讯，此是几许苦痛邪！”广又拜，呜咽不能止，后亦悲不自胜。自是后决意欲废勇立广矣。

于是，就有了以下的场景：后数日，素入侍宴，微称“晋王孝悌恭俭，有类至尊”。用此揣后意。后泣曰：“公言是也！吾儿大孝爱，每闻至尊及我遣内使到，必迎于境首；言及违离，未尝不泣。又其新妇亦大可怜，我使婢去，常与之同寝共食。岂若睍地伐与阿云对坐，终日酣宴，昵近小人，疑阻骨肉！我所以益怜阿麽者，常恐其潜杀之。”素既知后意，因盛言太子不才。后遂遗素金，使赞上废立。

杨广精心策划的夺嫡计划，终于到了瓜熟蒂落的时刻。内有独孤皇后的枕边风吹着、外有朝堂之上宰相杨素的劝谏，再加上杨勇的所作所为令皇帝陛下也十分恼火，最终令隋文帝下定了废嫡立幼的决心！开皇二十年（600 年）冬，隋文帝分别于十月乙丑日、十一月戊子日，诏告天下，废黜太子杨勇、册立新太子杨广。杨广为之奋斗多年的夺嫡计划，终于在这一天尘埃落定。在被立为太子的那一刻起，他的目光开始看向了那高高在上的皇帝的宝座，那里现在坐的是父皇，将来的某一天，它终将是自己的！此刻的杨广，在志得意满之余，一定也会十分憧憬将来自己成为九五之尊的荣耀吧！

第三节　文帝驾崩，扑朔迷离

改元仁寿

开皇二十年（600 年）冬十一月戊子日（十一月初三），杨广如愿以偿地成了大隋帝国的太子殿下。

就在杨广成为太子的当日，“天下地震，太子请降章服，宫官不称臣。十二月，戊午，诏从之。”新晋太子因发生了“天下地震”的不祥而向皇帝陛下奏请：第一，东宫所用的官服、车马、器具等，今后皆比原来的定制降低一个等级；第二，东宫所有官属今后在太子面前一律不得自称“臣”。对于如此仁孝的太子，隋文帝十分欣慰，不禁为自己果断地废嫡立幼这一英明决断而倍感自豪，更加为大隋帝国终于拥有这样贤明的接班人而庆幸有加。皇帝于是在十二月戊午日批准了上述请求。

隋文帝或许也曾有一丝后悔？虽然在下定决心废嫡立幼的那一刻，他的确做到了义无反顾。但身为父亲，尤其一个曾经被寄予厚望长达20年的儿子突然间被自己废黜，无论新晋太子多么仁孝优异、耀眼夺目，他都做不到无动于衷。这一丝愧疚，将会始终萦绕在老皇帝的心底，伴随他走完最后的人生。若考虑到年龄的因素，此时的隋文帝已至耳顺之年，在皇位上也已20余年。在这样的时间节点，更换皇位继承人，就算再如何名正言顺、如何迫不得已，对于年事已高的杨坚来说，无疑都是一种打击，也是他心中的一道暗伤！

对隋文帝来说，废黜太子似乎成为他人生中的一个转折。在此之前，虽然也偶有不顺，就如年轻的时候甚至遭遇过挫折与危险，但那时毕竟年轻，再大的风浪也动摇不了坚如磐石的意志。尤其在由不惑至耳顺的20年间，他达到了人生的巅峰。正在他尽享人生辉煌的时刻，不意却因废太子而遭遇到了如此打击。而这种打击，后来的事实证明，还会接二连三地到来。

废嫡立幼发生在开皇二十年的冬天，这也致使当时大隋帝国的政治也像天气一般，寒流四溢。为了改变这种不祥和的氛围，转过年来老皇帝便下诏改元仁寿。“仁寿”一词典出《论语》，夫子曰：“知者乐水，仁者乐山；知者动，仁者静；知者乐，仁者寿。”杨坚以“仁寿”为年号，就是希冀像自己这样宅心仁厚的君主能如同山岳一般坚定长寿。

新立太子杨广之后，文帝将帝国日常事务交与太子处置，一方面是要进一步锻炼太子在治理帝国方面的能力，另一方面或许也有要淡出政治、颐养天年之意。要想长寿，对于帝国头绪繁复的事务，就要尽可能地远离。

独孤氏之薨

但是，年号的更易虽然愿望美好，但却改变不了现实中皇帝的厄运。对晚年杨坚打击最甚的是皇后独孤伽罗的病逝。仁寿二年（602 年）八月二十四日夜，独孤皇后于永安宫溘然长逝，享年 59 岁。独孤氏之死，对垂垂老矣的杨坚来说，是一次毁灭性的打击，她的死也宣告了隋文帝大展宏图时代的结束。

对于独孤皇后的逝去，杨坚哀恸之情无以言表。她是陪伴自己一生的爱人，是相濡以沫的伴侣，是至死不渝的情人，是祸福与共的至亲。杨坚与独孤氏的感情非比寻常，相亲相爱四十五年，就算是对隋朝颇有偏见的唐人也不得不承认这一点。文帝甚至为爱妻而不置嫔妾、六宫虚设。这份挚爱，充分反映了夫妻间无与伦比的真情。

隋文帝对于皇后之薨，在哀痛之余，始终无法忘情，更坚信皇后升化为妙善菩萨，亲自奔波数百里路为其送葬，又营造天下最盛佛寺为皇后祈福。

史载，独孤皇后刚刚过世，一向善于把握圣意的著作郎王劭立刻上书安慰隋文帝：皇后是圣德仁爱的观世音菩萨下凡，她的离去只是在诸天神佛的迎接中归位而已。隋文帝读后，既悲痛又欣慰，“且悲且喜”。当时有一位天竺高僧得知皇后病逝，向皇帝进言，同样声称皇后是被诸神佛迎接到西方阿弥陀净土。悲喜交加的隋文帝，在听到这一说辞后，非常激动，厚赐高僧物品两千余件。要知道，这种数额的赏赐一般只有那些忠义节烈和立下巨大功劳的人才能享有。这是何等深厚的恩爱之情，才会让杨坚傻傻地相信这种不经之语用以麻醉自己？

对独孤氏的挚爱还表现在独孤皇后的丧事规格之高，极为罕见。根据通例，一般皇后丧礼皆由负责国家礼仪规制的礼部主持即可。但独孤皇后的丧事则是由当朝尚书左仆射（即宰相）杨素亲自全面负责。身为宰相的杨素不仅要统筹安排丧葬各项事宜，而且亲自率领人马日晒雨淋，到荒郊野外为皇后寻找福地。不仅如此，在选址成功开始为皇后建设陵寝时，杨素也始终坚持在第一线，凡事亲力亲为、辛苦不已。隋文帝对此尤感欣慰，在表彰杨素的诏书中称，杨素为皇后寻访山陵办丧事的功劳，比他南征北战的功绩还要大得多！杨素曾经是南伐平陈、统一全国的主力之一，随后又转战江南各地平叛，而且在开皇末年还曾数次率军出击突厥。换而言之，在隋文帝看来，皇后丧事，甚至完全可以等同于自己一生的帝国功业。由此也能反映出隋文帝对于独孤氏的真情真爱。

隋文帝为独孤皇后上谥号为“献”，根据《逸周书》对“谥法”的解释，“献者：聪明睿智曰献、贤德有成曰献、智能翼君曰献。”仁寿二年（602年）闰十月，隋文帝又做了一件相当震撼的举动：晚年笃信佛教、已经62岁高龄的皇帝陛下，决定亲自为亡妻送葬。

术士萧吉劝谏和告诫道："根据阴阳书，皇帝今年送葬对自身是不利的。"对此，迷信的隋文帝却置之不理。垂暮的皇帝冒着严寒，亲自奔波了数百里把爱妻送到太陵下葬。

仁寿之变

爱妻的亡故，给隋文帝杨坚以毁灭性的打击。他似乎一下子苍老许多，失去了精神的支柱。他的人生从此黯淡无光，也不再像从前那般勤于朝政，而是将之全部交付给太子杨广。在人生最后的两年时间里，他生活的重心，是如何面对孤独无依的精神世界。

仁寿四年（604年）四月，长期抑郁不乐的隋文帝杨坚身体状况开始每况愈下；六月，皇帝陛下宣诏大赦天下。

《隋书·高祖纪》和《资治通鉴·隋纪》皆记述了隋文帝在生命弥留之际的一些安排。其中，《资治通鉴·隋纪》有这样的记载：（文帝仁寿四年）春，正月，丙午，赦天下。帝将避暑于仁寿宫，术士章仇太翼固谏；不听，太翼曰："是行恐銮舆不返！"帝大怒，系之长安狱，期还而斩之。甲子，幸仁寿宫。乙丑，诏赏赐支度，事无巨细，并付皇太子。夏，四月，乙卯，帝不豫。六月，庚申，赦天下。秋，七月，甲辰，上疾甚，卧与百僚辞诀，并握手歔欷，命太子赦章仇太翼。丁未，崩于大宝殿。

这里有两个重要的时间节点需要特别注意，一是该年七月甲辰（初十）日，皇帝病情突然加重，紧急召见文武百官。弥留之际的杨坚卧于病榻上，和他的大臣们一一握手话别，君臣皆唏嘘不已。此情此景，不禁令人伤感无比。最后，皇帝还不忘命太子杨广赦免了此前进谏阻止自己到仁寿宫避暑的术士章仇太翼。

第二个时间节点，是七月丁未（十三）日，这一天一代雄主杨坚病逝了。

这两个时间点及其所发生的一系列事件，可以基本推断这样一个事实，即隋文帝杨坚死得相当从容平和。不但和群臣一一握手诀别，而且还不忘命太子赦免此前因进谏而下狱的术士，可见当时杨坚意志清醒、安排后事井井有条。至于身后由自己开创的江山社稷，他更是对于把江山交给太子杨广，倍感欣慰，太子是经过自己和文献皇后多年考察挑选出来的，不仅忠义仁孝，而且治理国家亦得心应手、井然有序。对于这样优秀的继承者，老皇帝还有什么不满意的呢？他完全有理由放下心来，终于可以和自己至爱的伽罗团聚了！带着几分不舍，更有着将与爱妻九泉之下再次团聚的期许，隋文帝撒手西归而去。

与此相合的记载，在《隋书·何稠传》中亦可以找到相应的两个可资佐证的细节：在与百官握手诀别前后，隋文帝单独召见了晚年他所亲信的大臣何稠，命他全权负责自己身后的殡葬事宜；随后又召见太子，上因揽太子颈谓曰："何稠用心，我付以后事，动静当共平章。"

上述两个细节充分说明，临终前的杨坚不但头脑清醒，而且心态安详；安排后事，井然不乱，从容淡定；“揽太子颈”更有力地证明：杨坚的爱子之情仍然不减于往日；换句话说，杨坚仍然一如既往地对这个太子、自己一向钟爱的儿子——帝国的接班人充满了信任和期望。

以上文字是隋文帝之死的基本记载。但事情并不像我们想象的如此简单。因为，有关隋文帝之死不光只有上述这一个版本。同样在《隋书》中，还记载着另一个比之前那个版本更为详细而诡谲的版本。当然，说它诡谲，是因为它只是在暗示杨坚死于非命，而非真正的寿终正寝；另外，说它诡谲，还因为后一版本更被后世所熟知，并在司马光的《资治通鉴·隋纪》中得到了更明确的描述，而且更加绘声绘色，也更具香艳色彩，当然还有更多的阴谋色彩。

人们不禁会产生这样的困惑：为什么在同一部书中，而且还是一部“正史”，会存在着两个截然不同的“杨坚之死”的版本？这样的问题，或许也只有《隋书》的编撰者们才能回答吧？

成王败寇，概莫如此！这也是历史的必然，只是，作为一个有正常判断力的读者，我们应当理性地看待历史，并学会明辨是非！

隋文帝杨坚之死是否为杨广所致，已经不再重要。毕竟死者长已矣，而杨广也顺理成章地成为大隋帝国新一任皇帝。当然，由于杨坚之死存在的一些疑惑，对于新皇帝杨广登基后所造成的冲击，在当时并不显现其威力。只有当它在经历时间的长久沉淀并缓慢发酵之后，或许就会成为对其统治合法性的致命性的伤害！杨广当然不会知道，在他魂断江都若干年后，还会有人拿这件事来否定自己，从而成为新的大唐皇朝勃兴的垫脚石。

第二章 文治武功

对于后世的功过评说，正在全身心处理老皇帝丧事的杨广当然无从知晓。在处理完父亲后事之后，杨广于仁寿四年（604 年）七月二十三日，如愿以偿地登上了大隋帝国的皇帝宝座。此时的杨广 36 岁，正当盛年。在他坐上龙椅的那一刻，杨广一定是踌躇满志、意气风发吧？这片壮丽的山河，和他的万千子民，将是他施展抱负、成就不世帝业的最好见证者。极富诗人气质的杨广，那盘踞在胸中多年的凌云壮志，那渴望用激情铸就千古美名的梦想，此刻已经不可遏止地喷薄而出，他仿佛已经看到了帝国的未来一片彪炳日月、照耀千古的煌煌大业……

为了实现这渴望已久的煌煌帝业，在登基的第二年，杨广决定改元为大业。宏图大业，煌煌帝绩，这是新皇帝的气度，也是新皇帝的野望！

大业元年，即公元 605 年。

第一节 大业初创，营建东都

张宏杰在《中国皇帝的五种命运》中提到，在杨广看来，父亲政治生涯的最大漏洞就是没有完成帝国精神上的真正统一。从表面上看，父亲治下的大隋天下四海安宁，人民安居乐业。其实，帝国的统一像一张纸一样一捅就破。东宫三年，不，早在坐镇江南的十年里，他已经无数次地对帝国政治进行了全盘推演。刚一登上皇位，新皇帝酝酿已久的政治构想就井喷式地变成令人目不暇接的一道道诏令，随着驿马的奔驰，以六百里加急的速度传遍辽阔的国土……

新皇帝在登基伊始，针对其父“政治上的最大漏洞”，便开始了紧急应对之策，这也是杨广施展其伟大政治构想的开端。而杨广雄图“大业”的第一项，是紧锣密鼓地营建东都洛阳。迁都洛阳，是杨广“大业”成就的第一步，不仅可以一举整合帝国的政治重心，构建起长安—洛阳的政治轴心，极大地加强帝国对关东和江南潜在分裂势力的监察与防范，而且从整体上大幅度地提升大隋帝国的战略安全系数，达到长治久安之效。

修治洛阳还晋家

洛阳，自古以来就是中原的心脏，是中华文明的龙兴之所、千年古都，堪称“天下之中”，十省通衢。公元前 1046 年，武王伐纣，西周灭商。周成王初年，周公摄政，在平定东方之乱后，开始营建东都洛邑，称成周，与国都镐京之“宗周”并立，是为二京。公元前 770 年，周平王将都城由镐京迁至成周洛邑（今河南洛阳），历史进入东周时期，这是洛阳正式成为都城的开始。公元 25 年，汉光武帝刘秀定都雒阳，即今洛阳。随后，西晋、北魏皆定都于洛阳。

登基之后，杨广开始大规模营建东都洛阳。这是不是像有些人说的杨广是为了满足自己的一己私欲而劳民伤财的无谓之举？如果我们能够公正客观地分析，就会发现杨广营建东都，可以说既有继承其父隋文帝遗志的一面，更有着宏阔的大视野、大格局，是一项具有深远影响的战略决策。

北魏以来，经西魏和北周二朝，在北方逐渐形成了以鲜卑贵族为核心的关陇军事政治集团。关陇集团像一个小圈子，虽然成员时有变化，但却牢牢地控制着国家的政治资源。杨坚之所以能够取代北周、建立大隋帝国，正是依靠鲜卑贵族，在关陇集团的支持下不断发展壮大，并最终实现了国家的统一。

一方面，隋帝国建立后，杨坚非常清楚，想要避免重蹈北周亡国的老路，就不能受制于人——关陇集团既是他成功夺取皇位的助力，也有可能成为他或他的子孙覆灭的祸害。因此，杨坚一方面积极东向，拉拢关东士族势力；一方面加紧对洛阳的控制，只等时机成熟，便以洛阳为中心，建立以庶族地主阶级为基础的新的权力集团。另一方面，虽然隋帝国实现了疆域上的天下一统，但是北方、南方在事实上仍然存在着貌合神离的危险因素。北方、南方毕竟相互隔绝了三百多年，国家分裂所遗留的伤痕虽然已经不再流血，但是这道无形而巨大的伤痕却难以在短时间内被表面上的统一所弥合。南北方的貌合神离，无可避免地在政治、经济、文化、社会风尚、民间习俗等许多方面日渐显现出来，这在很大程度上威胁到帝国真正的统一与稳定，同时对帝国应有的凝聚力也产生了日益严峻的挑战。而帝都大兴城（即长安）则偏于帝国西北一隅，“关河悬远，兵不赴急”，囿于当时相对落后的信息传递条件，一旦山东（古指今崤山以东，又称关东。下文同）或江南地区有事，等到中央获知消息再作出相应部署，不但早就贻误了战机，而且“毒被山东，遂使州县或沦非所”，很可能地方上也早已遭到严重破坏。

为了加强对帝国四方疆域，尤其是对江南地区的有效控制，为了真正消弭南、北地域间由来已久的历史隔膜，完成帝国从形式到实质精神的真正意义上的大一统，更是为了大隋帝国的长治久安，在地处南北结合部的洛阳营建东都，把帝国的权力中枢从西北一隅的长安东迁至洛阳，势在必行。在新皇杨广看来，一旦迁都洛阳，则“控以三河，固以四塞，水陆通，贡赋等”，不但在政治上意义重大，而且对促进南北地区的经济和文化交融也会产生深远的影响。

基于此，杨坚在位期间就十分重视对洛阳的经营，开皇二年（582年）二月在洛州（今河南洛阳）设置河南道行台尚书省，作为执行中央政令的分理机构，以皇子秦王杨俊为尚书令；开皇六年（586年）又下诏命皇太子杨勇亲自就洛阳镇守。因此，《隋书·炀帝纪》记载，在隋炀帝下诏营建东都洛阳时称：我有隋之始，便欲创兹怀、洛，日复一日，越暨于今。念兹在兹，兴言感哽！

杨广作为一个胸怀大志的帝王，深知营建东都洛阳的重要性，它可以从根本上解决“南服遐远，东夏（山东）殷大”的问题，扭转长安作为统一大国的都城偏处一隅、独力支撑的局面，以与长安成掎角之势，加强对山东、江南地区的控制，从而实现真正意义的帝国一统。因此，可以说营建东都、迁都洛阳是杨广长久以来深思熟虑的一个政治构想和战略决策，绝非一时心血来潮或者只是他贪图个人享乐的随意之举。

当然，杨广有此认知，并不代表当时的大隋朝野皆有此大局意识。要想说服朝野上下都来支持自己的决策，杨广还需要从舆论高度发起攻势，将营建东都作为巩固帝国统治的头等大事来加以宣扬。作为刚刚登基的杨广来说，最好的舆论莫过于借助术士谶言，更具有蛊惑性和说服力。于是在《资治通鉴》中便有了如下记载：章仇太翼言于帝曰："陛下木命，雍州为破木之冲，不可久居。"又谶云："修治洛阳还晋家。"《资治通鉴》的记述语焉不详，但它的基本意思十分清晰：杨广在被册立为太子前原封晋王二十年，在这二十年间亲统大军南平吴、会，北却匈奴，纵横南北，而河洛地区为他奠定了帝业的基础，故为晋王之"家"。历史上，洛阳本是西晋都城，因此回到洛阳，就是曾为晋王的皇帝杨广"还晋家"的正解。这不仅是章仇太翼的说法，还被当时普遍盛行的谶言所印证。通过与术士章仇的一番对话，皇帝陛下借助于术士的特殊表述方式用以传达其特定的政治诉求，满朝文武对此也都不再提出异议。通过制造舆论，杨广取得了朝野上下的高度统一后，便采取果断措施，营建东都，达到其向东方发展，以摆脱关陇集团的羁绊，争取关东士人的支持，培植起属于自己的统治集团，才可达到长治久安。

营建东都

营建东都的决策既已作出，接下来便是紧锣密鼓地执行营建东都的问题了。《隋书》卷三"帝纪第三"记载，仁寿四年（604年）十一月乙未，新皇杨广驾临洛阳。杨广到洛阳的第一件事，是要为新都洛阳构建起坚固的防线。同月丙申，"发丁男数十万掘堑，自龙门东接长平、汲郡，抵临清关，渡河至浚仪、襄城，达于上洛，以置关防。"此项长达数百公里规模浩大的挖沟工程构筑了一条大包围圈似的防线，对于拱卫东都洛阳具有决定性意义。西面、北面的防线主要应对来自突厥人的入寇；在东面的开封襄城一线，则防卫长期以来与大隋敌对的山东叛乱分子。

为了早日实现东向发展的战略，大业元年（605年）三月十七日，杨广下诏，命尚书令杨素、纳言杨达、将作大匠宇文恺负责主持营建东都洛阳。宰相杨素代表朝廷负总责，杨达是前任的工部尚书，建筑师则是任将作大匠的宇文恺。宇文恺是隋朝的天才皇家建筑师，隋文帝时期的仁寿宫就是宇文恺的杰作。杨广在给杨素等人的诏书中要求：营建新都，一定要谨记以节俭为要的要求，“无令雕墙峻宇复起于当今，欲使卑宫菲食将贻于后世。有司明为条格，称朕意焉。”诏令一下，一举投入这个大型建筑工程的工匠民夫就多达二百万人。在完成洛阳城行政用途之后，皇帝陛下私人的宫殿也开始大规模兴建。虽然皇帝嘴上说“务从节俭”，但负责主持设计建造及具体施工的宇文恺却非常清楚新皇帝心里的真实想法，因为即便是终身倡导节俭的文帝也不免被富丽堂皇至极的宫殿所倾倒，而放弃其一贯主张，更不要说这个踌躇满志、意气风发的新皇帝。于是，大江南北的良材异石纷纷汇集到洛阳，用以修建显仁宫；广泛搜罗四海之内的嘉木奇卉、珍禽异兽，以装点宫苑园林；建成后的皇帝宫殿规模之惊人远非常人所能想象的。《隋书·食货志》《资治通鉴·隋纪》等史书都对洛阳城的宫殿作出详尽的介绍，“又于皁涧营显仁宫，采海内奇禽异兽草木之类，以实园苑。”其中显仁宫“周围数百里”，西苑“周二百里”；苑囿连接，北至新安，南及飞山，西至渑池，周围数百里。西苑，名曰芳华苑，“五月，筑西苑，周二百里；其内为海，周十余里；为方丈、蓬莱、瀛洲诸山，高出水百余尺，台观宫殿，罗络山上，向背如神。北有龙鳞渠，萦纡注海内。缘渠作十六院，门皆临渠，每院以四品夫人主之，堂殿楼观，穷极华丽。宫树秋冬凋落，则剪彩为华叶，缀于枝条，色渝则易以新者，常如阳春。沼内亦剪彩为荷芰菱芡，乘舆游幸，则去冰而布之。十六院竞以淆羞精丽相高，求市恩宠。上好以月夜从宫女数千骑游西苑，作《清夜游曲》，于马上奏之。”

在洛阳，每一座宫殿都是一座城市。洛阳城实际上是城市的城市，万城之城。这座万城之城，是由天下财货汇集起来造成的盛况。在营建东都的过程中，大隋帝国的各地物产如同百川归海一般快速地向洛阳奔腾而来，洛阳城成了整个帝国的财富集散地。物产的聚集，必然需要有人气的支撑。皇帝于是下令“徙天下富商大贾数万家于东京”，将洛阳周边及天下各地以万计家的富商大贾迁徙到新都洛阳。除此之外，杨广还下令将各地的工匠调集用以充实洛阳，“江南诸州，科上户分房入东都住，名为部京户，六千余家。”据唐代杜宝所撰《大业拾遗》一书记载，隋炀帝迁都洛阳时“江北诸郡送工艺户陪东都，三千余家，于建阳门东道北十二坊，北临洛水，给艺户居住”。一时之间，洛阳富商云集，冠盖如云，百业俱兴，热闹非凡。

凡事有一利，亦有一弊。按照超奢华标准兴建起来的东都洛阳，大批地役使民力，不但加重了百姓的负担，而且也造成了农业劳动力的锐减。同时，为了充实洛阳人口、繁荣市场，将大量人口迁入洛阳城，造成了洛阳整个城市的粮食供应出现严重紧缺的问题。隋文帝在位时洛阳周边建造的几个平粮仓远水解不了近渴，根本无法满足洛阳城的庞大需求。为此，杨广下诏在东都洛阳附近新建了含嘉仓、兴洛仓和回洛仓等大型粮仓储备粮食以解决洛阳粮食供给难题。含嘉仓、兴洛仓和回洛仓规模之大前所未有：置洛口仓于巩东南原上，筑仓城，周长达二十余里，穿三千窖，窖容八千石以上，设置有监官并镇兵千人；置回洛仓于洛阳北七里，仓城周长十里，穿三百窖；含嘉仓更是规模空前。《大业拾遗》中有记载说，这些粮仓不断储备的粮食数量巨大，而且还储存大量的食盐：街西有子罗仓（含嘉仓），仓有盐二十万石。

从战略层面上说，东都洛阳的营建，扼守住了天下之中心，对于帝国大业具有深远的影响。从主观意图层面说，杨广营建东都是为了使帝国长治久安，同时能摆脱受制于关陇贵族集团的桎梏，将权力牢牢地掌控在自己手中；从客观效果层面说，营建东都产生了两个后果，其一是洛阳确实成了天下之心脏，加强了大隋帝国对全国疆域的控制；据《隋书·食货志》记载，洛阳建成后便成为帝国的统治中心，作为中原的心脏地带，它西控突厥、东抚齐鲁、北定辽东、南接淮扬的地方，可以显示大隋天下独尊的地位，“控以三河，固以四塞，水陆通，贡赋等”；其二则是造成了滥用民力、民怨骤起的恶政，百姓对于新皇帝的怨气由此开始滋生，并在此后的若干年间不断酝酿发酵、滋长蔓延，并由山东王勃起义点燃了百姓心中堆积已久的怒火，最终大隋帝国二世而亡，隋炀帝杨广也客死江都。

悲夫！

第二节　千里运河，帝国之脉

开凿大运河的功用比迁都将更加长远。虽然国家已经统一，南北方之间却如同刚刚通过手术联结在一起的器官，不断发生排异反应。近四百年的分离使南方和北方形成了明显的差异。南方经济富足，北方却土地贫瘠。南人认为北人粗鄙无文；北人则视南人胆小懦弱。两地相视，几如异族。事实上，没有多少人认为大隋的统一会持续多长时间，习惯了战乱与纷争的臣民们在下意识里还在准备应付下一场背叛、政变或者改朝换代。

杨广用手指在地图上从南到北用力划了一下：要使帝国的统一从形式升华为精神，就需要一个沟通南北的大动脉，不但可以促进南北的物质交流，更可以促成南北的文化融合。只有这样，整个民族才能神清气爽、血脉贯通。

而建设一条贯通南北的大运河就是最好的渠道。

杨广说，伟大的时代需要伟大的创意。迁都与开河，必将把父皇留下的基业提升一个层次，把隋帝国的万世之业置于更开阔、

深厚、坚固的地基之上，后世万代都将会记住他们这一代人的功绩。（张宏杰《中国皇帝的五种命运》）

所为何者？

在营建东都的同时，新皇帝头脑中还在周密地策划着另一件之于他的“大业”具有决定性意义的宏大计划——凿通南北，修筑大运河。

客观而理性地看，大运河的开凿，在杨广的“大业”宏图中甚为必要，是与营建东都洛阳并驾齐驱的重大战略决策。通过运河，既可以解决粮食、物品向中心城市集中的运输问题，又可以解决出行问题，更可以贯通南北、真正强化帝国对南北的掌控，有利于帝国的长治久安。真可谓一举多得。

不过，令人匪夷所思的是，新皇帝下令开凿大运河的时间。虽然说开凿大运河确实可以达到一举多得的效果，但大隋帝国开国以来规模最大的工程——营建东都洛阳才刚刚破土动工仅四天之后，开凿大运河的命令也随即发布。杨广如此迫不及待地两大重大工程同时动工，究竟是出于何种心理呢？是杨广急于乘龙舟赴江都宣扬新皇帝的威仪？或者是为了尽早赶到江都缅怀曾经在那里度过的青葱岁月？抑或是为了赶在传说中的扬州琼花开放前完成这一浩大的工程？这些解释也正是许久以来很多人的看法，尤其是那些把杨广视为暴君民贼的人，更是将开凿大运河与杨广三下江都巡游紧密联结在一起，予以猛烈地鞭挞。

要想正确地解码杨广急于开凿大运河的真正意图，可能需要我们不断发现并掌握更多的证据。根据后来发生的历史，我们或许可以做出这样一番推测。

首先，营建东都的工程建设所役使的工匠民夫甚众，据史书记载，前后多达200余万人。上百万人的衣食住行，是摆在决策者面前的一大挑战，尤其是粮食供应问题，洛阳周边地区无力解决，只能有赖于江南。除输送粮食外，还有建设新都宫室所需的物资木料等，大多也都源自江南地区。此外，为建设一座高端大气的新都城，各地郡县还要源源不断地上贡自己的物品特产。在《隋书·食货志》中，就详细描述了当时运河运输的情景：（黄门侍郎王弘、上仪同于士澄等人）前往江南诸州采办大木构件，顺运河北上运至东都洛阳。“所经州县，递送往返，首尾相属，不绝者千里。”

更为重要的一点，这项浩大的工程如此急迫地推进，是因为杨广心中有一种时不我待的紧迫感，而这种紧迫感又与杨广个人的品性有相当大的关联。作为一位具有雄心壮志的帝王，杨广胸中的抱负自然也宏大而高远。前文已提及，杨广在帝国政坛上崭露头角是他率领帝国大军南征陈朝、统一全国的那次影响深远的军事胜利。但是，虽然江南一统，虽然杨广曾经坐镇江都、经营江南十余年时间，但是帝国始终在腰身处有一道深深的伤痕——以长江一线为界，南方对于帝国的归属感始终存在着隐忧。毕竟在经历长达近400年的南北并峙、对立之后，想要在短短的十数年间就弥合这种长期分裂带来的隔阂，实在有些困难！因此，早在坐镇江都期间，杨广就为消弭南方世家大族及精英人士对帝国的疏离感付出了大量的努力。但是，这项工作绝不是一朝一夕能够达成的目标。从表面上看，虽然在隋文帝杨坚治下的大隋出现了四海升平的“开皇之治”，但距离大隋帝国从形式到精神上的真正统一还有很长一段路要走。隋朝开国到现在已经发生了四次重大的叛乱，多数发生在新统一地区。这充分证明了南方与北方在精神上还没有达成一体，帝国各部并没有真正融合。而杨广在登基之后，就如此迫不及待地营建东都洛阳、开凿大运河，就是要将自己之前所做却未能完成的重任继续推进下去，以实现南北再无隔阂、帝国真正上下一体、君臣同心的完美境界。

浩浩运河荡碧波

杨坚父子似乎皆与运河有缘，都十分喜爱开凿人工运河。早在隋文帝开皇四年（584 年）杨坚便命宇文恺负责开凿广通渠，自大兴城西（长安）北引渭水，在汉代漕渠故道的基础上重新挖掘河道向东，至潼关入黄，长三百余里。广通渠连接了大兴城（长安）至潼关，向东的终点是洛阳。广通渠是贯通关中与中原腹地的交通大动脉，打破了阻隔在长安与洛阳之间的山川之险，使漕运通利，关中赖之，故又称“富民渠”。

此外，为了对南陈用兵、统一全国，开皇七年（587 年），杨坚又下令开挖大运河的江淮河段，“于扬州开山阳渎，以通运漕。”山阳渎南起江都县的扬子津（今扬州南），北至山阳（今淮安），长约300里，沟通了长江和淮河两大水系；山阳渎实际上是春秋时开凿的人工运河——邗沟旧道的全面整修和疏浚。山阳渎修成后，在随后征伐南陈的过程中起到了重要的作用。

杨广命尚书右丞皇甫议，征调河南、淮北各州的男女民工100多万人，开始夜以继日地开凿“通济渠”——自洛阳西苑引、谷水、洛水注入黄河；再从板渚（今河南荥阳）引导黄河水，经荥泽（今河南郑州）注入汴河；继而又从大梁（今河南开封）的东面引导汴水进入泗水，最终在盱眙（今江苏盱眙）汇入淮河。同时又征发淮南民工十几万人疏浚在隋文帝开皇年间就已修通的山阳渎，从山阳（今江苏淮安）引淮水南下，至扬子津（今江苏扬州）注入长江。至此，这条全长1000多公里、连接黄河、淮河和长江三大水系的通济渠全线贯通。通济渠水面阔40步，烟波浩渺，蜿蜒向南。运河水深数丈，可通大龙舟，河道两岸为修御道，遍植杨柳。自东都洛阳至江都2000余里，树荫相交，每两驿置一宫，为停顿之所，自京师大兴至江都，建离宫40余所。据史书记载，在通济渠施工过程中，充分利用了旧有的渠道和天然河道，但因要行大龙舟，龙舟船体巨大，运河必须凿得足够深，否则无法通行。令人惊诧的是，如此浩大而艰巨的工程，杨广却要求在极短的工期内完工。从大业元年（605年）三月动工，到八月就全部竣工，创造了人类开凿运河的一大奇迹。当然，这一奇迹的创造，付出了惨重的代价。在凿渠和造船过程中，“役丁死者什四五”。官员以车载死丁，“东至城皋，北至河阳，相望于道”。一条条鲜活的生命，一个个破碎的家庭，如此惨祸令人瞠目结舌。

通济渠—邗沟是隋朝大运河中部的两段河道，也是最先贯通的部分。它的开通，“枢纽天下、临制四海，舳舻相会、赡给公私。”

在随后的若干年间，帝国又先后开凿了永济渠和江南河。《隋书·炀帝纪》载，在完成通济渠、山阳渎之后，杨广又决定在黄河以北再开一条运河，即永济渠。大业四年（608 年）正月，“诏发河北诸郡男女百余万，开永济渠，引沁水南达于河，北通涿郡”。永济渠可分为南北两段：南段自沁河口向北，经今新乡、汲县、滑县、内黄（以上属河南）、魏县、大名、馆陶、临西、清河（以上属河北）、武城、德州（以上属山东）、吴桥、东光、南皮、沧县、青县（以上属河北），抵今天津市；北段自今天津折向西北，经天津武清、河北安次，到达涿郡（今北京）。永济渠全长 2000 余里，由殿内少监阎毗负责督建，从开工到建成仅仅用了不到一年时间。

大业六年（610 年），重新疏凿和拓宽长江以南运河古道，即江南河。江南河，是大运河的第三期工程，以京口（今江苏镇江）为起点，引长江水经太湖流域，直达余杭（今浙江杭州），入钱塘江，全长 400 多公里。

至此，江南河与之前贯通的永济渠、通济渠和邗沟相连接，自南向北沟通了钱塘江和长江、淮河、黄河、海河五大水系，形成了以洛阳为中心，向东北、东南成扇形展布的隋朝大运河。这条大运河世所罕见，全长 2700 多公里。为了使东都洛阳发挥出帝国核心城市和地理中心的作用，杨广修建了通济渠、永济渠两段运河。大运河使帝国能够从大兴（长安）、经洛阳，南到江都（今江苏扬州）、余杭（今浙江杭州），北至涿郡（今北京），构成了大隋帝国的交通大动脉，促进了运河两岸城市的发展，江都、余杭、涿郡等城市很快繁荣起来。当时大运河上“商船旅往返，船乘不绝”。大运河便利了南北经济、文化的交流，有利于中央对江南的控制，巩固和加强了帝国的统一。

自古以来，对于隋朝大运河的评价，都是莫衷一是的。

从杨广的角度看，这是自己的一件空前绝后的杰作。

对大隋帝国发展而言，这是一条贯穿南北的经济大动脉，是一条弥合数百年历史裂痕的文化纽带，一条造福后代、功德无量、泽被万世的黄金水道。

而对于那数百万开凿运河的工匠民夫而言，这是一条榨干他们血汗，甚至剥夺他们生命的血泪之河，吸尽了大江南北的民脂民膏。

从客观历史的层面来看，这是一项举世无双的伟大创举。

对今天的我们来说，这既是让人惊叹的历史奇迹，是一笔丰厚的物质文化遗产，也是隋炀帝逆天虐民、施行暴政的一个有力证据和直观说明。

可以说，“开凿大运河”与“营建东都”一样，都是杨广这位极具宏大战略抱负的帝王，开始施展拳脚的一个至关重要的有机部分。

如果说，营建东都、开凿大运河是杨广铸就不朽大业的“起手式”，那么，巡游江都则是他宣扬帝国威仪、炫耀皇帝尊贵的一场隆重的政治秀。

巡游江都

大业元年（605 年）三月，发布开凿大运河的命令仅仅过去九天，杨广再次下诏，命黄门侍郎王弘等人前往江南，负责制造大型龙舟及黄龙、赤舰、楼船等各种船舶数万艘。为他首次巡游江都做好前期准备。《资治通鉴》记载，杨广将南朝灭亡的原因归结为“江东诸帝多傅脂粉，坐深宫，不与百姓相见”，非常鄙视那些整日只知缱绻于深宫、贪图享乐、流连在美人堆里的缺乏男人气概的君主。因此，杨广选择了巡幸天下之路，自登基以来，“一直在路上”，14 年的皇帝生涯，有十余年奔波在巡视天下的征途中！

同年八月，在通济渠及邗沟刚刚贯通之后，杨广便开始了他登基以来的首次南巡，从洛阳的显仁宫出发前往江都。皇帝乘坐的龙舟高达 45 五尺、长 200 尺，水面以上共四层。最上层有皇帝接见百官的“正殿”，有供皇帝休憩的“内殿”，有供百官办公用的“朝堂”；中间两层共有房间 120 个，皆用黄金璧玉装饰；下层供宦官宫女居住。皇后萧氏所乘坐的称为“翔螭”，规模比龙舟略小，但装饰毫无二致。其余供后宫、诸王、公主、百官、僧道、外宾乘坐的各种船只达数千艘，另外还有数千艘供皇家禁军官兵所乘坐及装载各种物资。负责护送皇帝巡游的军队船只，皆由士兵自己拉纤、不配民夫；而其余数千艘船只皆由拉纤民夫负责，总共动用的拉纤民夫多达八万余人。

此次巡游江都，杨广可谓极尽奢华之能事，船队规模空前盛大，首尾相接200余里，骑兵在两岸护行，水陆各色旌旗迎风招展，与壮丽的山川交相辉映。按照朝廷要求，巡游船队所经州县周边500里范围内的各级官府都要进贡食品，有的州县甚至动用了数百辆牛车装载和运送这些食物。各地所献皆为当地的珍馐美味等特产。杨广首次巡游江都，给沿途百姓带来了巨大的压力，不仅家人或在洛阳参与营建东都之役，或曾服役于通济渠工程施工，而且还要拿出家中财物，以供官府进献给皇帝陛下，自己则省吃俭用、节衣缩食。不仅百姓如此，沿途的各级官吏亦全员出动。

自新皇登基以来，大隋帝国上下便像上足发条的机器，开始全力运转起来。

第一次巡游江都，杨广确实达到了他所想要实现的战略目标。通过此次出行，皇帝的威仪得到了彰显，江南士人对于大隋的向心力得到了空前的强化。在江都，杨广继续他数年前的方针，继续结交江南门阀大族及精英人士，将帝国的恩泽播撒在江南这片热土，希冀它能够让帝国变得上下一体、坚如磐石。

此后，杨广又先后在大业六年（610年）和大业十二年（616年）两次巡游江都。其中第三次下江都，大隋帝国已经风雨飘摇，民变四起，杨广在江都度过了他人生的最后两年时光。在北方地区反隋势力日益壮大的形势下，江南地区相对处于安宁状态，这不得不说与杨广早年在江都的经营直接相关。最后，杨广被部下所弑，南方反隋势力也不像北方那样纷乱。因此，说杨广残暴，这一点世所公认。但杨广的残暴，更多的是不恤民力、过于急功好利，而非传统史家所批判的杨广只贪图个人的奢靡享乐。

导致大隋帝国覆灭的真正原因，是因为杨广过度自信，盲目追求实现自己的雄图大业，而不考虑百姓的承受能力。轻视人民的力量，滥用民力而不自省，同时不能及时调整自己的政策，安抚天下。事实上，杨广追求“大业”的狂热所带来的灾难，远大于其个人享乐的破坏性。这是后话。

为了进一步笼络江南士人，维护帝国一统，杨广还在其父隋文帝杨坚采用开科考试选官的基础上进一步将之制度化、规范化，从而创立了科举制。

第三节　遴选人才，科举成制

如果说营建东都、开凿运河、巡游江都是皇帝登基的“三把火”的话，它已经将帝国的激情点燃。当然，这里的“帝国”更多是指皇帝本人，官员、百姓早已被这三把火烧得体无完肤了。民怨开始滋生，官府倍感压力。面对着帝国四野，杨广踌躇满志，但有时又会施展不开手脚。帝国内关陇贵族的影响如影随形，很多时候都不得不委曲求全。这样的局面必须及早打破，但如何打破呢？杨广想到了父皇生前的一项举措——开科考试，选拔人才。在经过一番深思熟虑之后，杨广决定，要将这一做法制度化、规范化。这样，不仅可以为帝国选拔越来越多的有用之才，而且有助于摆脱关陇贵族对自己的束缚。

分科考试

在中国古代，选拔任用官吏的制度在不同时代有不同的标准，选官任官方式方法也有很大的差异。先秦时期，主要以世卿世禄制为主；秦国商鞅变法时废除世卿世禄制，改为军功爵位制；秦统一以后，由皇帝直接任命官吏；西汉孝武帝时，创立察举制，首倡考试取士之先例。魏晋以来，则盛行九品中正制，注重门第、出身，形成了士族制。世家大族把持着国家的政治权力，品评士人、选拔官吏时，强调士庶之分和门第高低，导致“上品无寒门，下品无世族”，形成了皇权与士族共掌天下的局面。加之机构重叠，人浮于事，存在“官多民少，十羊九牧”，“清干良才，百分无一”的现象，政治流弊日深。

南北朝以来，随着士族的衰落，庶族地主势力日益壮大，在政治上要求越来越多的权力。隋朝建立后，隋文帝杨坚鉴于帝国对人才的需要，同时也是为了打破关陇贵族集团对中央权力的垄断，开始设科考试，选拔人才；隋文帝下诏定制，每年各州郡荐举贡士三人入京（长安）参加考试，成绩优异者称秀才；正式采用分科考试的办法，当时仅设志行修谨、清平干济两科，由京官五品以上和地方总管、刺史荐举考生。至此，科举制的雏形出现。

隋文帝统治后期，因担心自己死后天下重新陷于分裂，杨坚进行了几次政治大清洗，对门阀贵族势力进行了残酷的打击，许多开国功臣被驱逐或杀戮净尽，帝国领导层进行了几次大面积人事变动。但是，由于杨坚猜忌过甚，手法粗糙，造成很多人的不满，社会舆论上也流传着有关杨坚刻薄寡恩、滥杀功臣的说法。当时，许多门阀贵族上层虽然表面噤若寒蝉，背地里却涌动着危险的暗流。

杨广即位后，一改其父旧制。为了进一步摆脱关陇贵族集团的掣肘，遴选帝国人才，于大业元年（605 年），始创进士科，从此科举制正式确立。杨广认为，帝国要摆脱门阀贵族的羁绊与威胁，最要害的一点是打破贵族对权力的垄断。科举制正是杨广诸多政治创新中最光彩夺目的一项。

以考试的办法选拔人才，自西汉孝文帝便已开始。但是分科考试则始于隋代。考试较宽泛，科举较具体。考试是科举制的核心和精髓，是科举制的本质特征，或者说科举制的实质就是考试。

一直以来，学术界对于科举制的创立，有不同的见解。过去，有许多学者皆主张科举制在唐朝时创立，理由是只有到了唐太宗李世民在位期间才创立了进士科，而进士科才是科举制创立的标志。随着学者对于这一问题的深入研究，越来越多的人认为，科举制应该是创立于隋朝。其标志即为大业元年（605 年），隋炀帝杨广创立进士科。

科举成制

杨广即位后，便下诏称：君民建国，教学为先，移风易俗，必自兹始。……教习生徒，具为课试之法，以尽砥砺之道。为了选拔人才，杨广恢复了此前关闭的太学、郡县学；同时“征辟儒生，远近毕至，使相与讲论得失于东都之下，纳言定其差次，一以闻奏焉”。《隋书》《北史》皆有记载，新皇帝的诏令下达后，远近的儒生纷纷前来，并被组织起来互相辩论学术问题。政府派专人给他们排列名次，上报皇帝。因此，许多寒士得以重振门庭，典籍研究盛极一时。

大业元年（605 年），杨广始设进士科。当时的进士科以考政论文章为主，选择“文才秀美”的人才。唐杜佑在《通典》中记载，杨广设进士科优先考虑的是个人品质而非文才。与此同时，杨广还增加了科举录取的人数。大业三年（607 年），考试科目已经扩大为包括文才、武艺、品德、治能等方面十科，由文、武五品官员以上荐举，规定有一艺可取即应采录，且随才升擢；同年（607 年），杨广再次诏令：“文武有职事者，以孝悌有闻，德行敦厚，节义可称，操履清洁，强毅正直，执宪不挠，学业优敏，文才秀美，才堪将略，膂力骠壮十科举人。”大业五年（609 年），杨广又下诏：“诸郡学业该通，才艺优洽，膂力骠壮，超群等伦，在官勤奋，堪理政事，立性正直，不避强御，四科举人。”当时秀才试方略、进士试诗赋时务策、明经试经术，形成一整套相对完备的国家分科考试选拔人才的制度。这是科举制确立的重要标志。

由于科举考试公开举办，打破了门第、地域、年龄界限，有规定的知识结构作为公认的主要录取标准，在一定程度上允许平等地进行公开竞争，重才学品质，“百官不得计考增级，必有德行功能，灼然显著者，擢之。”因此，科举制具有相当大的开放性和一定的竞争性，确实是一项非常理性、完美的制度创新。

科举制改变了隋之前的选官用人制度，“朝为田舍郎，暮登天子堂”，部分社会中下层有能力的读书人进入社会上层，获得施展才智的机会。这种“任人唯贤”的改革，彻底打破了血缘世袭关系和世家大族对政权的垄断；扩大了官吏的来源，为大批门第不高的庶族地主知识分子参政提供了机会，“大者登台阁，小者任郡县”；科举制把读书、考试和做官紧密联系起来，提高了官员的文化素质；科举取士把选拔人才和任命官吏的权力，从地方豪门世族手里集中到中央政府手里，大大加强了中央集权，有利于政局的稳定和帝国的大一统。

由于科举制刚刚创制不久，尚不完备，但它已显示其选拔人才的一定优越性。科举制度的产生适应了帝国政治发展的需要，把选用官吏的权力从世家大族手中收归朝廷，有利于中央集权的巩固，一直为后世历朝所沿用，存世了1300余年。

第四节 江山永固？文治武功

杨广的一生，正如他为自己在位期间所起年号“大业”一般，心中满怀激情，不断向着他理想的雄图大业奋进。尤其在继位、成为帝国的最高统治者，杨广的目光投向四野，虽然他已经实现了宇内独尊的梦想，但对于帝国而言，仍然有太多太多不圆满之处。从本质上说，杨广是一个完美主义者，更是一个理想主义者。为了“大业”早成，杨广深感时不我待，一种名叫“迫不及待”的情绪开始支配着他的大脑。这是一种致命的气质，是杨广身上与生俱来的浪漫主义与完美主义交融而酿制的毒酒，一旦条件成熟，便会伤人伤己、荼毒天下！因此，在《剑桥中国隋唐史》中，有这么一段文字来形容杨广。

隋炀帝毕竟是一位美好事物的鉴赏家、一位有成就的诗人和独具风格的散文家，他可能有点像政治美学家，这种人的特点可用以下的语言来表达：的确，自欺欺人也许是一个规律，因为带有强烈的艺术成分的政治个性具有一种炫耀性的想象力，它能使其个人的历史具有戏剧性，并使一切现实服从野心勃勃的计划。

手足相残

隋文帝杨坚一生中，最为自豪的有两件事，其一，是他所开创的帝国实现了新的大一统局面，并缔造出“开皇之治”的盛世；其二，也是他津津乐道的儿子们“五子同母”。

然而，事实证明这只是杨坚的一厢情愿罢了。“五子同母”的杨广兄弟，真正的骨肉手足，为了权势，为了欲望，为了野心……最终仍不免手足相残，上演了一幕幕你死我活的惨剧。

杨广在登基之后的第一时间，便下诏命杨约缢杀了废太子杨勇。虽然杨勇被废黜太子之位已有多年，但他的存在仍对新皇帝造成潜在的威胁。因此，如何处置废太子，就成为新皇杨广首先要面对的艰难抉择。在权衡再三之后，杨广只有无情地选择杀死自己的兄长。

缢杀废太子杨勇的结果，是引起杨广五弟、汉王杨谅的反叛。因为，老皇帝在世时，最受宠爱的就是身为老幺的杨谅。大哥之死，让杨谅顿生唇亡齿寒之感，害怕新皇乘机迫害。当时杨谅担任并州总管，统辖着崤山以东、黄河以北 52 州土地，与长安、洛阳形成鼎足之势。因杨坚偏爱幼子，生前曾特许杨谅“便宜行事，不拘律令”。自从隋文帝夫妇废嫡立幼后，杨谅就开始心怀疑惧，即以应付突厥为由，预修武备，大发工役，缮治器械，集结兵力。仁寿四年（604 年）七月，老皇帝病故，新皇杨广以文帝病逝为由诏杨谅赴京为父奔丧。但杨谅害怕遭遇不测，当即在太原发兵声讨新帝。杨广命杨素发兵数万前往征讨，不到两个月便迅速将其击溃。杨谅兵败请降，被废为庶民，最后幽禁而死。

至此，杨广四个同父同母的兄弟已经有三个死于非命，均未能得享天年。其中，长兄杨勇和五弟杨谅直接死于杨广自己之手；而三弟杨俊则是在早前被其父杨坚罢官勒归私邸，最后抑郁而终。现在，兄弟五人中，只有身为老二的杨广自己成了帝国皇帝；四弟杨秀虽然苟活，但在早前也是被杨坚废为庶民，后遭终身禁锢，最终在大业十四年（618 年），继杨广之后被宇文化及所杀。

五子同母，曾经是杨坚引以为豪的佳话，但最终的结局却是如此凄惨！五子不仅不得善终，而且帝国也被葬送掉了，这对于杨坚来说，不能不说是一个绝妙而无情的嘲讽！

凭君莫话封侯事，一将功成万骨枯。身在帝王家，既是幸事，亦是一个悲剧。自古帝王本就多薄情寡恩，手足相残更是屡见不鲜。杨广要成就他的帝王“大业”，亦免不了落入这一窠臼。

“炀帝”之谓

杨广在位的 14 年间，既是大隋帝国延续“开皇之治”攀向辉煌的新起点，又是走向毁灭的终点。大业盛世，潜伏着危机，并最终葬送了大好江山。这一切，皆源自杨广这个帝国的最高统治者。本书开篇以来，一直避用“隋炀帝”这一称为，而是对杨广直呼其名。因为，“炀帝”之名，是唐朝开国君臣追赠给杨广的谥号。

提及隋炀帝，大家的第一反应就是他是一个暴君，因此，更多的人习惯于用隋炀帝来称呼杨广，似乎杨广天生就叫隋炀帝。其实“炀帝”只是杨广谥号之一，是古代帝王名臣死后才会被追赠的一种评价。而且“炀”字并不是一个好词，《周书·谥法》说：“好内远礼曰炀，去礼远众曰炀，好大怠政曰炀。”唐朝开国君臣把“炀”字用在杨广身上，等于为他贴上好色无礼、背信弃义、欺压百姓的标签。

其实，在此之前，杨广还有一个谥号，叫隋明帝，庙号世祖皇帝。这一谥号是由负责镇守东都洛阳的杨广之孙、隋恭帝杨侑于大业十四年（618 年）追赠。

大业十四年（618 年）三月十日夜，宇文化及、司马德戡等人，利用骁果部队的思乡心理，胁迫他们发动了一场宫廷政变。在这场变乱中，杨广被缢身亡。同时，凡大隋宗室、外戚，无少长皆死，株连了一大片。而那些未参加兵变的众多大臣如虞世基、裴蕴、来护儿等及其亲属部下，也都被残忍杀害。

大业十三年（617 年），李渊父子在晋阳起兵，并于同年十一月攻入长安，立杨广的孙子代王杨侑为帝，称隋恭帝，遥尊在江都的炀帝为太上皇，事实上已废弃了杨广帝位。次年（618 年）三月杨广在江都被弑，李渊在长安得到消息，对这位姨表弟的死，“哭之恸”。同年五月，恭帝杨侑“禅位”于李渊，隋朝灭亡；大唐建国，改元为武德。同年八月，唐高祖李渊恩准留驻江都的郡守陈稜之请，粗备天子的仪卫，将炀帝的棺椁移至成象殿，更换成考究的棺木重新装殓，史载“发敛之始，容貌若生，众咸异之”。将杨广改葬于江都宫西的吴公台下。按照规制，皇帝安葬，必须要有一个谥号。大隋大业十四年、大唐武德元年（618 年）九月，唐高祖李渊追赠杨广谥号为“炀”，故后世皆习惯称杨广为隋炀帝。隋炀帝的称呼自此产生和定型。

历史有时真的很会捉弄人，它和杨广开了一个不大不小的玩笑！曾经统兵灭陈的杨广，将陈后主等一大批陈朝俘虏押解至长安。15 年后，开皇二十四年(604 年)隋文帝病逝，杨广继位。同年，陈后主病死于洛阳，杨广追封陈后主为长城县公，赠大将军虚衔，并赐谥号曰“炀”。杨广由衷地认为，对于像陈后主这样荒淫奢侈、不理朝政，并最终导致国破家亡的帝王而言，再也没有哪一个字比“炀”字更适合的了！但是，杨广万万没有想到，自己死后也会得到这个同样的谥号。

当然，“隋炀帝”是后世的叫法，杨广对自己一直自视甚高。因此，在登基的第二年春，雄心万丈的杨广就将帝国的年号改元为“大业”。

雄图大业，万世不朽之业！

文治武功

虽然世人骂杨广为暴虐之主，甚至李唐谥其“炀”大家也都觉得很正常。但我们必须承认，杨广之暴虐主要的问题出在他急功近利，过度地役使民力，导致民怨沸腾，国势衰败，最终身死国灭。而杨广一生可用“罪在当世，利在千秋”来给他盖棺定论。杨广一生的功与过，皆具大格局大气魄，这与他壮怀激烈的性格密不可分。

作为一个理想主义者、完美主义者，杨广天生就是要做大事、兴大业的君主，因此，他的文治武功也是古代帝王中的翘楚！

思想与宗教方面

三教并重，尤崇佛教。杨广笃好佛教，在晋封晋王时，曾迎请名僧智顗为其授菩萨戒，并尊称智顗为智者。即皇位后，在大业元年（605 年）为先父隋文帝造西禅定寺，并分别在高阳、并州、长安等处广建佛寺，又舍九宫为九寺，并在泰陵、庄陵二处造寺，并在江都造慧日道场，在洛阳设无遮大会，度男女 120 人为僧尼。杨广令天下州郡行道千日，总度千僧，亲制愿文，自称菩萨戒弟子。此外，还大力发展佛事，铸佛像、修佛经。大业年间共铸刻新像三千八百五十躯，修整旧像十万零一千躯，装补的故经及缮写的新经，共六百十二藏；还在洛阳的上林园内创设翻经馆，罗致译人，四时供给，继续开展译经事业。

杨广崇敬儒学与孔子，大业五年（609 年）下诏曰：“先师尼父，圣德在躬，诞发天纵之姿，宪章文武之道；命世膺期，蕴兹素王。而颓山之叹，忽逾于千祀；盛德之美，不在于百代。永惟懿范，宜有优崇。可立孔子后为绍圣侯，有司求其苗裔，录以申上。”选拔任用帝国官员，尤以儒家经典作为主要品评的标准；在科举制创立后，明经科、进士科、秀才科等科考内容皆以儒家学说为主。经隋朝科举制的大力推行，儒家思想进一步得到广大读书人的重视。

对于道教，杨广给予一定的关注。一方面要借助于道教为其政权效力，想方设法延揽拉拢一些有影响力的道教人士，给予其较高的政治地位，调和道佛关系；另一方面利用道教的方术为其私生活服务，把道士作为宫廷的点缀品，任用道士作斋醮科仪为其祈福。同时，杨广也在道教发展，尤其在道经的搜集整理上做了一些有益的工作。

典籍整理方面

杨广对于传统典籍的收藏整理，十分重视。在江都他担任扬州总管的十年间，杨广就大批网罗江南学者整理典籍，到他即位时已成书 130 部，17000 余卷。

杨广在位期间，诏令天下诸郡绘制各地风俗物产地图，编撰《诸郡物产土俗记》131 卷、《区宇图志》1200 卷、《诸州图经集》100 卷及《长洲玉镜》400 卷。上述地方志书的编纂，不仅规模宏大，而且也是编撰全国性方志图经的开端，影响深远。这对于保存中国古代的典籍做出了重大贡献。

据唐人封演的笔记小说《封氏闻见记》记载：炀帝（杨广）限写五十副本，分为三品，于东都观文殿东西廊屋，列以贮之。杨广不仅兴教育，还遍求遗散于各处的古籍图书，并加以修缮保护，大兴城和洛阳建有大藏书殿，更有规模宏大的秘书省。大业年间帝国的藏书量是有史以来最多的，藏书总数达 37 万余卷。

律法制度方面

杨广开创了通过考试取士的科举制度，有利于庶族寒门子弟步入仕途，打击了世家大族的势力，为唐宋之际由贵族社会向平民社会的转型奠定了基础。

除科举制外，杨广继承、发展了由其父隋文帝杨坚开创的三省六部制，并明确了三省的分工与职责，提高了行政效率，为唐太宗时三省六部制的完善提供一定的借鉴作用。

为了加强统治，维护社会安定，杨广在《开皇律》基础上，于大业三年（607 年），颁行《大业律》，主要是对隋文帝末年比较严酷的律法进行了调整和改革。《隋书·刑法志》记载，炀帝（杨广）即位，以高祖禁网深刻，又敕修律令，除十恶之条。凡五百条，为十八篇。五刑之内，降从轻典者，二百余条。诏施行之，谓之《大业律》。新的《大业律》是古往今来最为宽免的法律之一。历史上，各朝均严厉防范谋反等大罪，一旦触犯，少则父子兄弟皆斩，家口没官为奴；重则株连九族，祸害极重。杨广认为谋反这样的罪行“罪不及嗣，既弘于孝之道，恩由义断，以劝事君之节”。在杨广的授意下，《大业律》断然废止了自商鞅变法以来历朝皆奉为圭臬的连坐之法，开创了中国法制史上的一个独一无二的特例：废除了对谋反叛国这等大罪的连坐。这是我国法制史上的一大亮点，只可惜它随着隋朝的覆灭而消失。

巡狩北疆，圣人可汗

大业五年（609 年），杨广亲征吐谷浑，在吐谷浑故地置西海（今青海湖）、河源（今青海兴海）、鄯善（今新疆若羌）、且末（今新疆且末）四郡。随之又下诏将天下所有犯轻罪的人移居到吐谷浑故地居住戍边，并发西方诸郡运粮以供给之；刘权率军镇守河源郡积石镇，大开屯田。大隋在吐谷浑故地置州、县、镇、戍，实行郡县制度管理，这是以往各朝从未设置过正式行政区的地方。至此，大隋帝国拓地数千里。

随之，杨广率后宫妃嫔、将士等巡狩张掖。在此次西巡途中，杨广诗兴大发，吟唱了他的千古名篇《饮马长城窟行》，该诗“通首气体强大，颇有魏武之风”。

《饮马长城窟行》

肃肃秋风起，悠悠行万里。
万里何所行，横漠筑长城。
岂合小子智，先圣之所营。
树兹万世策，安此亿兆生。
讵敢惮焦思，高枕于上京。
北河见武节，千里卷戎旌。
山川互出没，原野穷超忽。
撞金止行阵，鸣鼓兴士卒。
千乘万旗动，饮马长城窟。

秋昏塞外云，雾暗关山月。
缘严驿马上，乘空烽火发。
借问长城侯，单于入朝谒。
浊气静天山，晨光照高阙。
释兵仍振旅，要荒事万举。
饮至告言旋，功归清庙前。

相比于首下江都所受到的诟病，此次巡狩则没有多少人会批判杨广是为了游山玩水、追求个人享乐。且不说西部自然条件恶劣，就算是北疆条件较好，长途跋涉的辛劳对于养尊处优的天子而言也不是什么享受之事。实际上，在杨广此次巡狩北疆时还曾遭遇暴风雪的袭击，随行士兵冻死大半，官员也大都失散，不知所终。杨广本人极其狼狈，一路上吃尽苦头。此次巡狩长达半年之久，西至青海和河西走廊，意义重大。

杨广此次西巡开拓疆土、安定西疆、大逞武威、威震各国。因此，杨广被北疆各少数民族首领共尊为“圣人可汗”！

唐太宗对此也十分感慨：大业之初，隋主入突厥界，兵马之强，自古以来不过一两代耳。

杨广的文治武功，曾经一度达到了巅峰，大隋帝国的声威也震慑万邦。但是，盛世之下，却是由累累白骨堆积起来的虚妄与骄奢！大业既成，本该讲信修睦、与民生息的杨广，在雄图大业达到顶点的时刻却不知适可而止的道理，结果民怨四起、内乱不止，最终走向末路，落得个客死江都的悲剧下场！

曾经烜赫一时的大隋帝国也伴随着杨广的命运走向了灭亡！

第三章 贻害天下

欲望的闸门一旦打开，便如滔滔洪水，泛滥成灾，一泻千里。

一个人面对诱惑，如果能够做到岿然不动，那一定需要极强的自制力；或者有大毅力、大智慧。当然，也有人不是对诱惑不动心，而是有更大的令之动心的目标让他暂时隐忍。而一旦达到了他所期望的目标，之前的隐忍、克制，便统统丢弃。于是，人性贪婪的一面，便会一览无余！

历史上，有很多帝王在年轻时雄心勃勃，立志要开创一番帝业，于是开疆拓土、文治武功，举国上下进入创业模式。百姓则要承受这开创基业的实际赋役之责，兵役、徭役、田赋、捐税……无一不实实在在地落在百姓身上。而在皇朝后期，政治黑暗、吏治腐败、社会动荡、民不聊生……以致天下大乱、生灵涂炭。改朝换代成为必然！新的皇朝建立后，再次进入又一轮的循环……中国的历史，似乎就是如此这般在不断地重复着同一个“故事”，但“兴，百姓苦；亡，百姓苦”却是永恒不变的定律。

第一节 大业难成，诸事成空

自幼才华出众的杨广，与生俱来的优雅与高贵，再经过杨坚夫妇精心栽培，弱冠之年便崭露头角。有人说，杨广本质上就是一个诗人，天生具有诗人的气质。此话不虚。诗人的才华横溢、恣意浪漫，在杨广身上得到了最好的诠释。即便做了皇帝，这份诗人的气质仍然丝毫没有削减，甚至还在随着年纪的增加而不断地滋长。如果杨广出生在普通人家，如果杨广只是一个恣意抒发、纵情山水的诗人，无疑会成为大师级的诗人。但是，历史就是如此，没有如果。杨广身为天子，应该思考的是天下人和天下事，应该爱民如子、授民以时，这样才可顺应民意，实现国泰民安、天下大治的帝王之业。

得民心者得天下，杨广深深懂得这个道理。但是，他却把自己的意志、自己的好恶完全凌驾于民心、民意之上，恣意汪洋，对黎民百姓不管不顾。

自登基以来，作为诗人的激情在泛滥，欲望的宣泄似火山爆发一般喷涌而出。

几乎从刚刚做皇帝起，杨广就开始被后世冠上了“好大喜功”“刚愎自用”“穷奢极欲”“荒淫无道”的帽子，并最终被牢牢钉在历史的耻辱柱上。

当然，杨广自己并不知道别人对自己的看法，相反，他自视甚高，很早就胸怀天下。他极目四野，一幅宏伟的盛世蓝图萦绕心间，那是他对雄图大业的期盼，那是他对千古一帝的无限向往。一朝君临天下，成了帝国最高主宰，他必然要不惜一切代价去实现理想，并且会迫不及待地付诸行动。

大业难成

杨广胸中所构建的雄图大业，都在他有生之年付诸实践，而且大多做得足够深入，几乎可以说“大业”将成。只是，杨广诗人的气质、浪漫的情怀，让这些宏伟蓝图染上了一层梦幻的色彩，当它即将要完成的时刻，也是梦幻破灭的一刻。因此，有论者指出，杨广失败的原因，归结为一点：罪在当代，利在千秋！

是啊，杨广在位期间的所作所为，都在践行着他心中向往的“大业”，并为此殚精竭虑、鞍马劳顿，不辞辛劳。“在路上”，正是杨广这位皇帝的人生状态。他似乎总是不安于现状，也无法安静地待在自己的宫殿里发号施令，治理自己的帝国，而是更愿意亲临现场。巡幸帝国的每一寸土地，成为他实现自己雄图大业的主要途径。每一次巡游天下，都是达成不世帝业的基石，都向他的理想迈进了一大步！据史家的不完全统计，杨广在位期间，在都城长安和东都洛阳所驻留的时间加在一起，还不如他用在巡游路途上的多。长城内外、大江南北，西北大漠、江南水乡，到处都铭刻着杨广銮驾的印迹。在每一次巡幸的路上，皇帝的仪仗同时也带给沿途官员与百姓沉重的负担——为了皇帝的安全，更为了皇帝的威仪！尤其对于百姓而言，若干浩大的工程，已经令人苦不堪言了，还要承受接踵而至的征战、赋税、压榨与灾祸，开皇年间的盛世繁荣已经成为人们记忆中的美好回忆。

关陇本位还是江南本位

自北魏末年以来，在北方中国逐渐形成了一个庞大的军事政治集团，著名史学家陈寅恪先生称之为关陇集团（今陕西、甘肃一带）。关陇集团以关中、陇西地区为根据地，以北方六镇为核心，在西魏、北周至隋唐时期占据政权上层、拥有强大势力。

出身于关陇集团的杨坚，依靠关陇集团的支持夺得了帝位。大隋建国后，杨坚对该集团成员深怀戒心，一方面其势力过于庞大，在帝国政府高层中盘根错节，杨坚要防范其中有人会故技重演；另一方面，则是为了打击腐朽的门阀士族政治，以提拔更有生机的庶族寒门子弟进入政治舞台，释放民间生产力，来推动帝国的改革发展。开皇初年，杨坚就采取了重大举措——改革府兵制，实行君主直辖。对于关陇集团来说这是一次致命的打击。

虽然杨坚在位 20 多年间通过废除九品中正制、扶持关东门阀、开科考试等办法不断疏离、打击关陇集团，但是，总体上成效有限。开皇、仁寿年间，杨坚依然不得不依靠高颎、李德林、李穆、窦炽、于翼、田仁恭、苏威等关陇集团的上层，为之加官晋爵。杨坚奉行的依然是自西魏宇文泰以来推行的“关中本位”政策。杨广即位以后，继续推行其父削弱、打击关陇集团的政策，与此同时改变“关中本位”，而是确立“江南本位”国策。他依靠关东、江南豪族势力、精英分子，通过创立科举制度，选拔、任用庶族寒门士人，扩大帝国的统治基础，进一步限制、削弱关陇集团的强大势力和影响，以整饬吏政，加强中央集权，扩大统治的社会基础。

杨广的“江南本位”国策，是与其独特的个人经历有直接关联的，同时也是其实现远大抱负、雄图大业的重要支点。作为统率大军征伐南陈、坐镇江都的扬州总管，杨广人生中最美好的时光都是在与江南打交道过程中度过的。前文已述，通过在江都前后十余年的经营，杨广不仅平定了南方数次叛乱、稳固了大隋帝国对南方的有效统治，而且让江南豪族精英们由衷地归附于帝国治下。经过多年的浸染，杨广已经与江都、江南深深地联结成一个整体，江南浓郁的文脉传承已经成了杨广血脉中不可或缺的养分。他热爱甚至是迷恋江南这片热土。

杨广执行“江南本位”，是实现“大业”理想的重要基础，通过营建并迁都东都洛阳、开凿大运河、巡游江南等一系列重大举措，逐渐疏离、削弱关陇集团势力；通过开创科举制，选拔有真才实学的士人担任政府官员，为广大中下层地主甚至一些贫寒子弟提供了通过读书应考登上仕途的通道，不仅有利于提高庶族寒门的政治地位和政治热忱，更进一步限制和打击了昔日豪族垄断政治的局面，扩大了人才来源和统治根基，具有重大的历史意义。

杨广在位期间，始终坚定地推进“江南本位”国策，但关陇集团在其整个政治生命中依然占据着至关重要的地位。套用一句俗话，杨广“成也关陇集团，败也关陇集团”。杨广能够成功取代杨勇夺嫡成为太子，所依靠的正是关陇集团中具有举足轻重地位的宇文述、杨素等人。虽然在大业年间，杨广曾采取严厉措施，以“妖言惑众”罪名诛杀了太常卿高颎、礼部尚书宇文弼、光禄大夫贺若弼等关陇集团重要成员，但杨广身边亲信仍以关陇集团成员居多，比如宇文述、宇文化及、宇文智及父子、司马德戡等。正是这些曾被杨广视为心腹、位高权重的关陇贵族在江都缢弑杨广。

杨广借机除掉高颎、宇文弼、贺若弼等人，对于帝国朝野产生了巨大的震动，关陇集团内的成员更是如坐针毡。这种焦虑，使杨广与关陇集团的矛盾日益激化，最后甚至势如水火。关陇集团时刻在准备进行反扑，一旦时机成熟，他们便会顺势挑起反叛。首先起兵的是关陇集团核心人物之一杨素的儿子杨玄感。大业二年（606年），杨素病死，当时就有流言说杨素是被杨广给害死的，但苦于没有确凿证据，因此杨玄感一直隐而不发。直至大业九年（613年）六月，杨玄感便乘杨广二次征伐高句丽时在黎阳起兵，一时“公卿达官子弟奔者如流”，其中大部分是关陇集团的子弟。虽然杨玄感起兵很快被镇压，但它却如同打开了“潘多拉之盒”，原本已经遍地蜂起的反隋暴动开始形成燎原之势，而且越烧越旺。

此后，关陇集团内更多的反叛力量开始蠢蠢欲动。大业十三年（617年），关陇大贵族蒲山公李密和唐国公李渊相继起兵，势力越来越壮大，开始割据一方，众多关陇世族也纷纷前来投奔。

很多人都以为隋朝的灭亡主要是因为农民起义，却严重忽略了关陇集团在其中所起的关键性作用。直至大业十二年（616年）杨广第三次南下江都前，当时各地的农民起义军仍是相对分散的小股势力，基本上都无力与隋军主力作战。其实，真正对杨广皇位构成致命威胁的是关陇贵族集团及关东豪强势力。

比起长安、洛阳，杨广更喜欢充满着江南气息的江都，那里才是他魂牵梦萦的乐土。待在江都远比待在贵族门阀林立的长安更能令杨广舒心。关东地区盗贼蜂起，也是让杨广最终决定南下江都的一个重要原因。纵观隋末的农民暴动，北方比南方严重得多。

从杨广的立场上看，南下江都是他做出的比较合理的选择。但是，这个“合理”的选择却造成了最糟糕的结果。从他做出第三次南下江都的决定开始，每一步都使局势变得越来越糟糕。杨广固然可以在江都偏安，也确实摆脱了关中那些势力强大的贵族门阀，也能远离越来越多的“盗贼”，变得相对安宁。但同样的，他也失去了对整个帝国北部的实际控制权。杨广离开了长安，就意味着他完全放弃了对关中的支配权。古语云，“得关中者得天下”，秦汉以降莫不如此。尤其在经过西魏、北周几十年的苦心经营后，关中地区不仅是帝国实力的核心地带，而且是帝国军事力量最雄厚的枢纽。从后来的历史发展来看，觊觎关中这块“肥肉”的野心家大有人在。比如李渊父子，晋阳起兵后直取长安，并在群雄竞逐中最后夺得天下。作为一位具有雄才大略的战略家，此时的杨广却犯了一个致命的错误，他误判形势，急于摆脱关陇集团的掣肘、匆匆南下江都，放弃了他赖以立国的关中河洛地区。在远离了危险的同时，他也同样抛弃了自己的根本，最终与整个帝国一起走向末路。

在“关陇本位”与“江南本位”之争的博弈中，以“关陇本位”的最终胜利而告一段落。这也充分说明，在隋朝开皇至大业年间，中国的经济与政治的重心依然不出关陇、河洛地区。而江南虽然已经有长足的进展，但要成为整个帝国的舞台中心，为时尚早！

当然，杨广的“大业”梦想，也因为他的身死而戛然而止。

第二节 好大喜功，劳民伤财

对于杨广的评价，自古以来就存在着很大的错位。称颂者，言之凿凿，将杨广与秦始皇并举，认为他们都可以称得上是“千古一帝”！虽然都犯了暴虐百姓、刻薄寡恩、劳民伤财等错误，但毕竟瑕不掩瑜，他们的伟大功绩却是有目共睹、无法抹杀的，对于中华民族的卓越贡献也是无与伦比的！而批判者则条分缕析地指出杨广的累累“罪行”，仿佛杨广就是一个天生的暴君、魔鬼。

好大喜功

前文已述，杨广骨子里是一个诗人，是一个理想主义者、完美主义者。身具浓郁的诗人气质，自幼便傲视同侪，再加上少年得志，杨广身上的每一个细胞都充溢着一种名叫高尚的情怀。作为一个出身高贵的贵族子弟，尤其在弱冠之年其父便夺得天下成为大隋帝国的皇帝，杨广完全有理由恃才傲物。可以说，自父亲成为天子的那日起，虽然只是皇子之一，但杨广眼光便自不同！

公元581年，杨广的人生、命运，以及他的全部，都在二月甲子日这个时间节点发生了根本性的改变。一名贵公子，变成了皇子一枚，根本是云泥之别！关键在于，他这样的皇子，并非养在温室的花朵，而是要被重点栽培的干才。这就是身为皇帝的杨坚及独孤皇后的育子教子之道——在父母羽翼下成长固然能少受伤害，风险降至最低，但无法让他们真正成才。他们坚信，只有经过了沙场历练，只有经过了拼死搏杀，人才能够真正地成长。尤其要成为大隋帝国的皇子，更需要经历血与火的洗礼！

基于如此信念，杨坚夫妇对于自己的五个儿子皆提供了相当的机会，令他们可以统兵经营地方，并派朝中重臣加以辅弼——杨广负责指挥灭陈的作战中，由朝中股肱之臣高颎任元帅长史，三军参谋。正是在这样精心培育下，杨广才能够茁壮成长，并在随后的太子竞逐中笑到最后，成功胜出。在夺嫡过程中，杨广一方面成功提升自己在父母心目中的地位和好感，一方面利用宇文述、杨素等人在朝中群臣中构筑统一战线。此时坐镇江都的扬州总管、晋王杨广，为人所熟知的更多的是他在治理地方上的卓越才华，是他对江南门阀士族及上层精英的成功镇抚与促进江南地区的稳定繁荣。

杨广的好大喜功，似乎是在他继位之后突然间爆发的政治热情。这简直有些令人猝不及防！不过，《剑桥中国隋唐史》的作者却对此了然于胸：隋炀帝毕竟是一位美好事物的鉴赏家、一位有成就的诗人和独具风格的散文家，他可能有点像政治美学家，这种人的特点可用以下的语言来表达：“的确，自欺欺人也许是一个规律，因为带有强烈的艺术成分的政治个性具有一种炫耀性的想象力，它能使其个人的历史具有戏剧性，并使一切现实服从野心勃勃的计划。”

杨广的愿望，无疑是激动人心的，尤其对他本人而言，他要建立万世不朽的“大业”的理想，昭示着他的勃勃雄心。同时，一种政治紧迫感也在煎熬着杨广的内心——野心使之欲望不断膨胀；焦虑又使之生出一种时不我待的急迫来。于是，在短短的几天之内，大兴土木，广建宫室、苑囿，迁都洛阳，开凿大运河，一条条诏令如雪片般轻飘飘地落入帝国各级官吏手中，却让百姓承受着不堪负荷之重！

杨广是有大气魄的天子，他的许多政策与举措，都富有宏大的历史叙事特点，无论营建东都、开凿大运河、巡游江都，还是巡幸北疆、三征高句丽，杨广都在紧锣密鼓地施展才华、构筑帝国梦想的雄图大业！这是他的精神气质所决定的，也是他人生悲剧之所在：他盲目追求前无古人后无来者的英雄业绩，却独独忽略老百姓的承受能力，忽略了人民的幸福感。

这种好大喜功的特质，似乎是杨广与生俱来的追求与梦想。他的每一项决策、每一个诏令，无不向世人昭告：这都是建立不朽“大业”所必需的代价！

劳民伤财

与“好大喜功”相对应的，是杨广在位期间所创建无数“大业”带来的必然结果——劳民伤财。动辄数十万、数百万的动员令下，天下苍生皆被驱使，背井离乡、抛家舍业地为帝国、为新任皇帝构建雄图大业！

单以大运河的开凿为例，即可充分说明杨广对百姓的役使是多么残酷！大运河的开通，是建立在数百万工匠民夫的累累白骨之上的。隋朝大运河开凿分三期完工，如果再加之营建东都的工程，同时征调的工匠民夫有数百万之众，而且如此之多的工匠民夫全部都是无偿劳动，男丁不够就征发妇女充役。面对这突如其来的、强加在自己头上的苦役，百姓们被迫放弃田间生产，背井离乡、抛家舍业，奔赴千里之外的工地上。等待他们的，不仅是超负荷的劳动强度，还有恶劣的施工环境和极差的饮食起居，再加上有限的医疗条件等，这一切共同导致了大量民工的死亡。根据司马光《资治通鉴·隋纪》的记载：当时施工现场，工匠民夫们“官吏督役严急，役丁死者十四五，所司以车载死丁……相望于道”。工地上的死亡率百分之四五十的数据虽然有些夸张，但这也充分反映了杨广役使百姓的严酷与不恤民力之事实。

据史书记载，杨广在位期间，有十余年是在四处巡幸的路途上度过的。而杨广每一次巡游，都是仪仗盛大、随侍甚众。这一次次出巡，都需要有雄厚的物资供应与财力支撑，而这些物力、财力的来源，只能落在百姓的头上！百姓们不仅要承担帝国的劳役赋税，还要额外地承受着皇帝陛下及其扈从在宣扬国威时铺张、奢华带来的浪费与损耗。

这里，仅以杨广第一次巡游江都为例：大业元年（605年）八月，杨广开始了登基以来的第一次大规模巡游。他的第一站，也是他急令开凿通济渠、邗沟的重要目的地——江都。此次南巡，杨广直接从新落成的东都洛阳显仁宫出发，沿新建成的大运河前往江都。

为了此次南巡，杨广征调拉纤民夫多达八万余人，这还不算没有配民夫的、由士兵自己拉纤的禁军船只。可见此次南巡船队规模之巨，完全可以用空前盛大来形容。船队首尾相接，前后绵延200余里，在大运河两岸还有数量众多的骑兵护行，水陆并进，各色旌旗迎风招展，与壮丽的帝国山河交相辉映。

除此之外，根据帝国政府要求，皇帝陛下的南巡船队在沿途州县经过时，周边500里范围内的各级官府都要向皇帝进贡珍馐美味，有的州县官员为了邀功甚至动用了数百辆牛车来装载和运送贡品。每到一处，当地官员便要觐见朝拜，并向皇帝陛下汇报本地的治理情况和风土人情。但是，在这个过程中，所造成的巨大浪费是很令人痛惜的，每次都会有大量吃不完的食物被丢弃。

此次出巡江都，杨广就是如此恣意地张扬着自己的皇帝威仪，他凭借着其父在位20多年间为他积存下的雄厚国力、财力和民力，要向匍匐在自己脚下的南方门阀士族及上层精英们彰显身为皇帝的高傲与豪奢。

第三节　盛耶衰耶？三征高句丽

纵观公元 6 世纪末、7 世纪初的国际形势，可谓错综复杂、云谲波诡。

放眼天下，大隋帝国在杨坚、杨广父子的掌控下，牢牢占据着霸主地位。在大隋帝国蒸蒸日上的同时，再向北望，控制着大漠南北、势力最强大的是突厥帝国；向西是柔然、铁勒等势力；向东则是契丹、靺鞨及新近崛起的高句丽。风云流转，原来的小国高句丽，已成为当时一支不可忽视的重要力量！而且，它还在不断地威胁、侵扰大隋帝国的东北边境地区。这对大隋构成了直接而严峻的挑战！

高句丽的崛起

如果我们的眼光放得更高远，在中国北方茫茫大草原上，自东向西可以分为若干地理单元。自公元前 3 世纪匈奴崛起以来，北方游牧势力对中原的威胁就一直成为历代皇朝必须面临的严峻考验，甚至魏晋以来出现了“五胡乱华”的局面。中原皇朝要解决的威胁，自秦至汉，再到西魏、北周，主要来自阿尔泰山一线，无论匈奴、柔然还是突厥，他们的大本营都在大草原的西部；而自隋唐至明朝，则发生了根本性的转移——主要来自大小兴安岭一线，鲜卑如此，高句丽如此，契丹、女真、蒙古、满洲等无不如此。而大隋帝国正面临着这一历史性的转折。

隋帝国初期，隋文帝杨坚通过分而治之的策略，使突厥发生严重内乱而分裂，东突厥随之归附大隋；西突厥在隋帝国的连番打击下也日渐式微，对大隋帝国的威胁也几可忽略。此时，位于朝鲜半岛的高句丽开始日益发展壮大。

公元6世纪末、7世纪初，今朝鲜半岛并存着高句丽、百济和新罗三个政权，被称为朝鲜“三国时代”。高句丽、百济和新罗当时都是大隋帝国的藩属国，向隋帝国通使朝贡，接受册封。三国中，高句丽实力最为强大，不仅占据着朝鲜半岛北部地区，还侵占了隋帝国辽东郡的一些地区。历史上的高句丽，极富侵略扩张性，不但享受着一些邻近小国的朝贡，还经常趁中原王朝无暇东顾的时候掠地拓疆。因此，在大隋帝国初期，与高句丽的关系便成为当时国际关系的主轴。杨坚父子两代不惜倾全国之力数次讨伐高句丽，既有大隋帝国与高句丽政治利益相冲突的因素，也与当时朝鲜半岛三国之间错综复杂的矛盾有密切关系。

隋帝国统一全国后，迅速成为当时最强大的帝国，国势日隆。北方的东突厥归附隋帝国，西突厥西遁，对大隋帝国已经不构成威胁。大隋的统一与强大，让同样有着扩张野心的高句丽深感恐惧与不安，双方战略利益发生严重冲突而招致大隋朝连年兴师征伐。大隋帝国征讨高句丽，是公元 6 世纪国际关系发生变化的必然产物。高句丽恃强扩张，不尊大隋，甚至还不断侵扰大隋国土，这对于大隋帝国的长治久安而言，构成了现实而严峻的挑战。因此，双方兵戎相见就不足为奇了。

隋文帝开皇十八年（598 年），高句丽悍然发动了对大隋帝国的入侵行动，跨过鸭绿江入寇辽西，同时还逼迫、驱使靺鞨，禁锢契丹等归附大隋帝国的各族。与此同时，高句丽还在暗中与突厥人联络，企图说服突厥共同对抗隋朝。高句丽的军事挑衅严重威胁着大隋帝国的边境安全，同时也极大地激怒了隋文帝和文武大臣，“开皇之末，国家殷盛，朝野皆以辽东为意。”隋帝国朝野可谓上下同心，举国皆发出了征服高句丽的呼声。

开皇十八年（598 年）六月，隋文帝顺应朝野要求，下诏废黜了高句丽王高元的王位，同时命汉王杨谅、上柱国王世积为行军元帅，将军周罗睺为水军总管，率水陆大军 30 万人征讨高句丽。然而，大隋的此次军事征伐并未得到上苍的庇佑。杨谅统率的陆军出临渝关（今山海关），在途中遭遇洪水，粮道被冲决，军中缺乏食物，而且还出现了瘟疫，导致官兵大量非战斗性死亡；而周罗睺的水军又在海上被风暴所袭，导致舰船大量沉没。朝廷不得不下令撤军。还未抵达战场，大隋远征军就已损失大半，及至回到长安的人数，仅为出征时的十之一二而已。可见此次征伐有多么惨烈。

尽管随后高句丽王高元为了避免与大隋的全面战争而不得不遣使向隋文帝谢罪，但背地里并不甘心只做大隋臣藩。因此，高句丽的问题，并未得到实质性的解决。

毫无疑问，此次军事行动遭遇了惨败。这对隋文帝杨坚和整个帝国而言，都不啻一个奇耻大辱！

杨广的雷霆震怒

大业元年（605 年）至大业七年（611 年），是杨广“大业”不断走向巅峰的七年，是他在内政上完成一系列重大举措和巨型工程的七年，同时也是他横扫八荒、以雷霆万钧之势展开了一连串对外扩张和强势外交的七年。杨广“大业”的盛世蓝图通过七年的绘制，达到了前所未有的辉煌，光芒四射，令人目不暇接。

杨广应该足够自豪，他几乎用了最短的时间获得了一幅壮丽的“大业”图景，这是古往今来任何一个帝皇都梦寐以求，甚至用尽一生都未曾达到的一切——人丁兴旺、家给人足、社会稳定、国力强盛、四海升平、万邦来朝……

面对如此盛世大业，如果杨广懂得物极必反的道理，能够居安思危，在初步实现政治抱负的那一刻能够适可而止，体恤民心、珍惜物力，给天下百姓以休养生息的时间，那么大隋帝国绝不会短命而亡，杨广本人也不至于客死江都！

可惜历史没有如果。

杨广之所以是杨广，就因为他是一个诗人，是一个彻头彻尾的理想主义者和完美主义者。从本质上说，杨广是一位充满着乌托邦色彩和浪漫主义激情的诗人，同时对完美“大业”的追求使他满怀骄傲！但是，高句丽的存在，却是他的一块心病，是他开创的“大业”的瑕疵。即便它只是帝国的一个微不足道的斑点，但杨广却无法容忍！因此，必欲先灭之而后快。

杨广之所以要征伐辽东，灭高句丽，不仅仅是要完成其父隋文帝未竟之事业，也不仅仅因为高句丽是其千百雄图大业蓝图上的一个斑点和瑕疵，还因为高句丽对大隋帝国构成了现实而严峻的挑战！

杨广最终下定征伐高句丽决心的诱因，是高句丽对帝国对皇帝陛下的态度。

大业三年（607 年），杨广第一次北巡塞外。据《资治通鉴·隋纪四》记载，该年八月，壬午日，杨广北巡车驾从榆林出发，途经云中郡，溯金河而上。“时天下承平，百物丰实，甲士五十余万，马十万匹，旌旗辎重，千里不绝。”杨广令建造大师宇文恺等造观风行殿，其上可容纳数百侍卫者，离合为之，下施轮轴，倏忽推移。“又作行城，周二千步，以板为干，衣之以布，饰以丹青，楼橹悉备。胡人惊以为神，每望御营，十里之外，屈膝稽颡，无敢乘马。”

杨广在东突厥启民可汗的王庭，受到了启民可汗及东突厥上下的盛情款待。“启民奉庐帐以俟车驾。……启民奉觞上寿，跪伏恭甚，王侯以下袒割于帐前，莫敢仰视。”杨广非常高兴，即兴赋诗一首：“呼韩顿颡至，屠耆接踵来；何如汉天子，空上单于台。”杨广在兴奋之余，赏赐给启民可汗诸多贵重的锦缎、宝器，恰在此时，高句丽的使者也在启民可汗的牙帐。对于此，启民可汗不敢对“圣人可汗”——大隋皇帝杨广陛下有丝毫的隐瞒，便携高句丽使者一同觐见杨广。对于高句丽使者为何会出现在突厥可汗的王庭，杨广君臣可谓洞若观火，毫发毕现！高句丽狼子野心，想勾结突厥反隋的企图昭然若揭。

对此，司马光在《资治通鉴》中作了详细介绍。

黄门侍郎裴矩说帝曰：“高句丽本箕子所封之地，汉、晋皆为郡县；令乃不臣，别为异域。先帝欲征之久矣，但杨谅不肖，师出无功。当陛下之时，安可不取，使冠带之境，遂为蛮貊之乡乎！今其使者亲见启民举国从化，可因其恐惧，胁使入朝。”帝从之，敕牛弘宣旨曰：“朕以启民诚心奉国，故亲至其帐。明年当往涿郡，尔还日，语高句丽王：宜早来朝，勿自疑惧，存育之礼，当如启民。苟或不朝，将帅启民往巡彼土。”

大隋帝国皇帝陛下预想的结果并未出现，他对高句丽国王高元的威逼恐吓未能奏效。杨广既没有等到高元的入朝觐见，也没有看到高句丽尽到它应尽的臣藩礼节。这无疑是对大隋帝国、对皇帝陛下威严的严重挑衅。怎能不让杨广愤怒？

天子的雷霆震怒，不可遏止。杨广决定一定要给那个不知天高地厚的高句丽王高元和他那不堪一击的弹丸小国一个教训，血的教训！

首征高句丽

战争总动员

这是最好的年代，也是最坏的年代。

大业七年（611 年），对于杨广而言，既是最好的一年，也是最坏的一年。

这一年，杨广刚过不惑之年。用了七年时间，他实现了“大业”的巅峰，人生达到了辉煌的顶点；同时，这也是他人生发生根本性转折的一年，也是大隋帝国一个致命性的转折。

这一年，注定是杨广生命中最重要、最辉煌的一年，但也是最阴霾、最不堪回首的一年。

一切美好，皆因征伐高句丽而改变！

为了征伐高句丽，杨广可谓谋划已久。大业四年（608 年），杨广下令动工的大运河第二期工程——由洛阳至涿郡的“永济渠”，其重要目的之一，就是要为讨伐高句丽开辟出一条快捷的运输补给线。同年，杨广还开始积极整顿和扩张军备，重点是要购置数量庞大的战马，为征伐高句丽组建一支强大的骑兵部队，为此，他下令在全国范围内向富人征收捐税。由于短时间内政府大量收购战马，导致每匹战马的价格暴涨，最高时竟达十数万钱。与此同时，为了提高帝国军队的作战能力和水平，杨广还严令有关部门检阅武库中的各种武器、装备和辎重，务求做到精良、新颖，并施以相应的惩处措施，一旦发现有粗制滥造者，立刻将监造军械的官员斩首。

通过这样的精心准备，杨广自认为一切皆准备妥当，只待时机成熟，便要给予高句丽雷霆一击。

大业七年（611 年）春，在所有的大型工程相继竣工之际，杨广迫不及待地发布了一道战争诏书——讨伐高句丽。而此时的帝国上下，都还没能从虚脱和崩溃的边缘缓过神来。大隋帝国的臣民们已经疲惫不堪，但杨广却不这么看，他已经准备了太长时间，也等待得太久。如此再等下去，哪怕再多等一天，都是对自己的折磨，无法容忍，也决不再忍！

看看杨广在这一年中紧锣密鼓的战争动员，即可看出当时他的急迫心态：

《资治通鉴·隋纪四》:（二月）壬午，下诏讨高句丽。敕幽州总管元弘嗣往东莱海口造船三百艘，官吏督役，昼夜立水中，略不敢息，自腰以下皆生蛆，死者什三四。夏，四月，庚午，车驾至涿郡之临朔宫，文武从官九品以上，并令给宅安置。先是，诏总征天下之兵，无问远近，俱会于涿。又发江淮以南水手一万人，弩手三万人，岭南排镩手三万人，于是四远奔赴如流。五月，敕河南、淮南、江南造戎车五万乘送高阳，供载衣甲幔幕，令兵士自挽之，发河南、北民夫以供军须。秋，七月，发江、淮以南民夫及船运黎阳及洛口诸仓米至涿郡，舳舻相次千余里，载兵甲及攻取之具，往还在道常数十万人，填咽于道，昼夜不绝，死者相枕，臭秽盈路，天下骚动。

但是身为帝国皇帝的杨广，丝毫没有意识到问题的严重性。既然帝国的战车已经启动，那么就必须义无反顾地向前，直到将敌人碾碎！即便民怨渐起，甚至在当年年末爆发了民变，但杨广征伐高句丽的决定仍然没有更改！

战略失当

经过近一年的战事动员与准备，到该年年末，大隋建国以来规模最大的一次军事集结在帝国的东北门户涿郡完成了。此次远征，不包括水军（另由大将军、平壤道行军总管来护儿统率），共计出动一百一十三万三千八百名将士，而为了保障军需后勤供应的人员数量是士兵的两倍。

大业八年（612 年）正月初一，杨广登上最高指挥台，亲自检阅帝国远征军！在新春佳节这一刻，他并未选择与他的帝国同享盛世佳节的欢愉，而是御驾亲征，统率着远征军，准备给予蕞尔小国高句丽最严厉的惩罚，以彰显帝国的浩荡声威！事实证明，杨广选择在大年初一这一天检校军队、进行最后的战争动员，本身并不是一个明智之举。远征军上下虽然并未见什么异动，但将士在心理上的那份不舒服，相信对之后的战事将会产生不可估量的影响。当然，因为史料缺失，我们已经很难把这种心理上的因素与此次征伐高句丽的失败直接挂钩了。但这一推论本身，应该是合乎情理的。

军心不稳，可谓是杨广首征高句丽作战的隐忧之一。而更大的问题则是杨广在战略战术上的失误。

如果从表面上看的话，杨广自平陈战争以来，可谓战无不胜，一贯都是正确的。直至此次征伐之前，杨广那骄人的过往让他有理由傲视天下！但是，这并不是说杨广就是天神下凡，他的“一贯正确”性都是建立在对手的弱小与不堪一击上。而处在蒸蒸日上的大隋帝国势如破竹的攻势才是取胜的不二法宝。杨广不过是生逢其时、恰逢其会！若真正说到行军作战的战略战术，杨广这位自认天纵之才的天子，实在没什么拿得出手的杰作。他所亲身经历的战争中，几乎没有一场真正像样的硬仗。当年平陈之战，杨广虽是大军最高统帅，实际的幕后指挥是帝国重臣高颎，再加上杨素、贺若弼等一干军事统帅们精诚团结，杨广不过是挂了一个总指挥的名而已。再后来对北方的经略，同样是像裴矩这样的肱股之臣的谋划与应对。而且，杨广过去的经验也在给他不断地暗示着什么：当年平陈之战，他曾亲眼看到腐朽不堪的陈朝在隋军压境之下，立刻土崩瓦解，帝国五十万大军几乎兵不血刃，就取得了胜利；在平定吐谷浑的战争中，也是隋军的浩大声势吓破了吐谷浑王的胆儿，几乎没有经过正式战斗，敌人就望风而逃。所以，在杨广的作战经验中，对待这样一些实力不对称的敌人，最重要的是做好威慑，军队在数量上一定要足够多，在军容方面一定要雄壮——如此而已！在杨广看来，如今一个小小的高句丽，在自己赫赫威名、超卓才华和隆隆红运面前理所应当地没有什么抵抗力！

当然，我们如此说法，并非要全盘抹杀杨广曾经拥有的赫赫战功，而只是说杨广那些并未经历过真正考验的胜利，有多么脆弱。

杨广今次御驾亲征所犯的战略战术方面的错误，大体而言有三方面。

第一，指挥失据。杨广遥控指挥，甚至直接干预前线的军事决策与指挥行动。自古以来，皇帝亲临前线督战，也是鼓舞全军士气非常有效的方式，甚至皇帝亲自指挥作战古亦有之。但像杨广这样事无巨细地干预将领们的军事行动的，却不多见。身为帝国皇帝，应该做的是把军事指挥权及作战目标交给值得信赖的将军，至于具体军事行动如何，就应该放任他们自主决策即可。这样，不仅可以最大限度地调动前线将士的聪明才智、及时根据战场形势作出最恰如其分的应对之策；而且也避免将领们在指挥过程中束手束脚、应对失据。而杨广在战略上的这一失误，可谓十分危险。

第二，准备不足。准确地说，是杨广对此战的困难程度估计不足。用当下的话说，就是没有做好应对战局可能出现不利的准备，没有做充分的战争预案！古语云，“国之大事，在祀与戎”。杨广只关注了“祀”，在大军出征之前的这一天，特意进行了隆重而庄严的祭祀活动，共分三场：先是在桑干河畔祭告战神；继之又在临朔宫祭告上帝；最后在涿郡郡治所在地蓟城（今北京）北郊祭告马神。“祀”做得周到而庄重，却忘了“戎”——不仅是前线将士冲锋陷阵这么简单，对一场战争的谋划，涉及方方面面，需要制定各种预案。既有战略战术层面的考量，也有战略物资与后勤保障的供应问题；更要有应对突发性变故的预案，尤其是充分评估战局的利弊得失对于帝国的影响。真正做到未雨绸缪，把可能出现的最坏最严重的结果纳入战前的谋划内容中，并找到相应的解决方案，这是一场战争所应有之意义。但显然，杨广君臣并未预想到万一帝国大军此次征伐出现了失败该如何处置的问题！这是非常致命的失误，后来的事实也充分证明了这一点。

第三，作茧自缚。在蓟城举行大“祀”之后，杨广亲自颁发远征军的建制令及所有将军的任命状。最令人意外的是，杨广在正规建制的各军之外，另设“受降特使”一人，专门负责各军行军招降的慰抚工作，直接听命于皇帝，不受各军大将的节制。这一做法，确实有些令人匪夷所思。杨广居然有此“奇思妙想”！当然，如果我们从杨广的立场来看，则又在情理之中。毕竟，他身为帝国之主，高句丽不过是帝国治下的一个小国，如果不是它过于无礼而张扬，皇帝陛下大可宅心仁厚地给予丰厚的赏赐。因此，招抚才是上策。而且，从此次征伐的初衷来说，更像是杨广对于帝国的超强国力和盛大国威的一次非典型性检阅和炫耀；与其说这是一次超大规模的征伐，倒不如说它是杨广在抒发他那内在的诗人气质与想象力，在谱写只属于他的千古伟业——这恢宏史诗中最浓墨重彩的华章。

杨广的“奇思妙想”不仅限于设“受降特使”，他还有更为奇葩的命令——杨广勒令，高句丽一旦投降，全军将士必须马上接纳安抚，一律不得再行攻击！

这似乎完全是作茧自缚的做法，但在杨广这里却有着充分的理由：既要彰显他贵为天子对于臣属的恩宠，也是为了充分表明帝国军队是一支吊民伐罪、天恩布施的王者之师，更是为了让四夷宾服，敬畏大隋。只有如此，帝国才可以真正震慑天下、长治久安！

杨广作茧自缚，却给高句丽带来了福音。后来的战事充分证明，高句丽人正是利用了杨广的这一战略失误，成功地瓦解了隋军的斗志。甚至毫不夸张地说，杨广首征高句丽失败的主因，即在于此！

辽东之战

大业八年（612年）正月初三，大隋帝国肇基以来最大一次军事行动从蓟城北郊正式吹响了前进的号角。这支号称有二百万人的空前庞大的帝国远征军共分左右各十二军，自左军第一军开始启程后，每日派遣一军接上，两军相距四十里，依次开拔，鱼贯前进；整整四十天之后，整个远征大军才出发完毕，各军间首尾相接、鼓角相闻，旌旗招展，浩浩荡荡，前后绵延九百六十余里。此外，负责护卫皇帝陛下安全的御营内十二禁军及隶属于天子六军的三台、五省、九寺的随驾官员也紧随其后，规模之大，亦有八十余里长……近古出师之盛，未之有也！

在路上行军60余天后，大隋远征军主力抵达辽水（今辽河）西岸，与早已驻扎在河对岸的高句丽军队隔河对峙。对于那些高句丽军队，杨广并未真正放在心上。按照既定计划，由工部尚书、大建筑家宇文恺负责在宽阔的辽水水面上赶造三座浮桥，准备抢渡辽水。建造浮桥的完成得出奇地顺利，左屯卫大将军麦铁杖自告奋勇，率领前锋部队冲了上去。

麦铁杖的先头部队冲到距离东岸尚有一丈开外的地方，忽然全都停了下来。原来，工期太紧，为了抢时间而赶造出来的浮桥与预想的河宽发生了差错，浮桥比河面宽度短了一丈有余！虽然，这样的错误并不致命，但毕竟给冲锋的先头部队带来了极大的困难。麦铁杖只能硬着头皮率领将士们跳进河中，拼命游向对岸，冒死向高句丽阵地发起强攻。此时的高句丽人早就严阵以待，他们占据有利地形，对冲上滩头阵地的隋军士兵施以漫天箭雨。大隋将士们前仆后继，虽然被敌军当成活靶子，却悍不畏死地向前冲。

此战隋军伤亡惨重，左屯卫大将军麦铁杖、虎贲郎将钱士雄、孟叉等将领全部壮烈殉国。

这是大隋远征军一个糟糕的开端。它完全超出了杨广的想象！

皇帝陛下怒不可遏，但现在大敌当前，杨广也只能强行控制怒火，急令少府监何稠把浮桥加长。两天后，浮桥终于架设到了对岸。隋军终于可以倾巢而出，在辽水东岸与高句丽军队展开激战。这一回合的战斗隋军取得了压倒性胜利。高句丽人仓皇败退辽东城（今辽宁辽阳），他们身后扔下了一万多具尸体。大隋军队乘势追击，将辽东城团团包围。

随后，杨广也渡过辽水，站到了刚刚夺回的帝国土地上。

前文已述，杨广勒令全军：以招降为主，如果高句丽军队缴械投降，作为王者之师的大隋军一律不得再行攻击，而是必须安抚接纳！对于困守在辽东城中的高句丽军队来说，这一军令无疑是一道福音。

高句丽人的狡诈、阴险与反复无常的本性此时此刻暴露无遗！辽东城攻守战出现了这样一幕：每当隋军费了九牛二虎之力即将把城池攻陷的那一刻，辽东守军立刻举手投降。隋军将领只得当即下令停止进攻，命人飞报后方的皇帝陛下，请示谕旨。可是，等杨广的旨意下达到前线将领手中时，辽东城中的守军早已重整旗鼓，继续负隅顽抗。如此这般，辽东守军一再故技重演，居然屡试不爽。

一直到大业八年（612 年）六月，由于杨广自缚手脚，虽然隋军付出了巨大代价，辽东城依然固若金汤。不是高句丽守军有多么英勇，也不是大隋军将士太过无能，实在是杨广犯了致命的错误。战争历来讲究的是求胜，杨广居然作茧自缚，而且他明知高句丽在利用自己的仁慈三番五次“戏弄”隋军却不知悔改。因此，此次征战的失败，更主要的原因在杨广自己。

但是，杨广却从不会反躬自省。对于数月未能攻克辽东城，杨广是无法容忍的。他亲临辽东城下督师，对前线将领进行了严厉的训斥，言辞激烈，充斥着不容置疑的威严。将领们胆战心惊、不知所措。

看到将领们噤若寒蝉的样子，杨广才语气一转，提出了下一步的攻城计划，进而又对各军将士进行了慰劳。毕竟，怒气再大，也解决不了问题。后面还要靠全军将士勠力同心，攻克高句丽。

随后，杨广便在距辽东城数里的六合城坐镇督师。在皇帝陛下的亲自督促下，隋军明显加强了攻势，但辽东城依旧岿然不动。

萨水之战

鉴于辽东城久攻不下，杨广只得改变战略，决定派大军绕过辽东城，直捣高句丽腹地，对其都城平壤发动总攻。担任此次作战任务的分别是左翊卫大将军宇文述、右翊卫大将军于仲文等九人，兵分九路，共计 30 万人。

根据新的战略方案，宇文述担任九路军总指挥，统领隋军从辽河东岸沿线各地向平壤方向快速挺进，计划在鸭绿水（今鸭绿江）西岸会师。杨广要求，九路军要做到快速、出其不意，把高句丽彻底击溃。这里，杨广再次犯了一个严重的错误：不懂得行军打仗的基本规律，不同的战略战术、作战方式要求是不同的。按照杨广的设想，九路大军此次是在进行一场长途奔袭战。这种战术的要诀有二：一、进军速度要足够快；二、军队给养必须充足。这里就出现了一个悖论：如果士兵携带的给养过多，行军速度必然会受到影响；而如果行军速度要快，必然不能让士兵带上过多的给养。

杨广显然没有预料到这样的问题，宇文述等人同样也忽视了这一问题。结果是显而易见的，为了完成杨广要求的“速度”，在给养方面只有“减负”了！

九路大军从边境的泸河和怀远二镇出发时，每个士兵都按要求带着人马所需的一百天粮草，加上铠甲、刀枪、衣物、辎重、攻城器具、炊事用具、帐篷等，平均每个士兵所背负的重量都在60公斤以上。如此重负，士兵们不堪承受，在行军途中就偷偷地“减负”，把所有负担中最重的东西——粮食悄悄丢弃。

结果，当到达鸭绿水西岸会师之时，九路隋军的粮食就已告罄了。

兵马未动，粮草先行。这是自古以来行军打仗的至理，没有粮食就不能打仗。

现在摆在宇文述等九位大将军面前的难题是，如果硬着头皮跨过鸭绿江、深入高句丽腹地，除非一战拿下平壤，否则军队断粮、后方的给养又跟不上，那无异于死路一条！如果原地待命，等待后方增援部队把粮草输送过来，作战时机就会失去。同时，这也严重违背皇帝陛下的战略构想，此等罪责，谁敢承担?

身为九路大军总指挥的宇文述，对此一筹莫展。

正在宇文述等人进退维谷、不知所措之际，事情发生了新的变化。

原来，高句丽派使臣来隋军大营“请降”了。来者是高句丽的重臣乙支文德，此人文武双全，是高句丽王高元的左膀右臂，位高权重，影响力巨大。之前在辽东城之役中，正是此人制定了反复请降的“拖延战术”，让隋军进退失据、陷入战争泥潭。

鉴于乙支文德的特殊地位，宇文述更对高句丽人的“投降”心存疑惧——之前高句丽人反复请降让他们吃了大亏——九路大军统帅内部在如何处置的问题上上演了激烈的争辩，右翊卫大将军于仲文主张应该立即将乙支文德逮捕，因为皇帝陛下曾给他一道密旨：如果高元或乙支文德前来请降，绝不能放他走！所以，于仲文认为不管高句丽是真降假降，都应该马上把乙支文德抓起来。

对此，主管受降事务的特使、尚书右丞刘士龙坚决反对，认为应该把乙支文德给放回去。所谓“两国交兵，不斩来使”，而且高句丽既派乙支文德来请降，即便有可能是诈降的故技重演，也不能囚禁“请降使”——受降特使的职责就是专门受降宣慰、以显示天朝恩威的，在九路大军出征之前，天子就授予各慰抚使不受前线大将军节制的特权，如果把乙支文德扣留不放，既有负圣恩，也是对他这个“受降特使”的莫大侮辱。

对于“扣”与“放”的争执，九路军主帅宇文述不置可否。

现在的宇文述，其实最最关心的是该不该乘着高句丽人请降这一千载难逢的时机赶紧班师回朝。毕竟目前军中缺粮是一个严峻的挑战，既然高句丽人前来请降，就给了大军回撤的最佳借口。所以，对于如何处置乙支文德，其实宇文述并不在意。如果借此能如愿班师的话，那才是真正的幸甚快哉！

三位主将各执一词，而且各自都有皇帝陛下的旨意作依据。

这就带来了一个难题：到底该如何决断？对乙支文德是留是放？九路大军又该何去何从？

宇文述三人经过激烈的争执，最终受降特使刘士龙在得到宇文述的支持下占据上风，决定把乙支文德给放了。乙支文德满脸笑容地离开了，因为他已经彻底摸清了隋军的虚实。这支貌似强大的隋军其实虚弱至极。

乙支文德洞悉了隋军马上就要断粮的秘密！所以，乙支文德有足够的信心与隋军进行周旋，甚至对于最终打败隋军他也早已成竹在胸。

乙支文德前脚刚走，隋军大营里就又吵翻了天——于仲文后悔了。

于仲文一再催促宇文述赶紧派遣精兵去把乙支文德给抓捕回来。可是，宇文述却坚决不同意。现在宇文述满脑子想的就是能尽快班师回去向皇帝陛下复命。见宇文述仍执迷不悟、不听劝告，于仲文不得不动之以情，晓之以理。

一番激烈言辞过后，宇文述终于清醒过来。表面上，宇文述虽然是九路大军最高统帅，于仲文只是他的副手之一，但皇帝一直很赏识于仲文的才干和韬略，所以在出征之前特地面谕九军将领：凡有重大军情，各军一律服从于仲文的统一节制！皇帝陛下既然下旨让于仲文“节制各军”，摆明了就是要掣肘自己。眼下于仲文迫不及待地想要建立战功，如果自己一味地抗拒，那无异于是在抗旨不遵！宇文述无可奈何，只好硬着头皮下令各军立刻拔营，渡江追击乙支文德。

乙支文德从隋军大营出来，一路优哉游哉，很是惬意。他并不急着返回平壤，反而像是在旅行，走走停停，还会不时地回望几眼——大隋的追兵咋还不来呢？

终于，乙支文德如愿以偿地看到身后的滚滚烟尘——数十万隋军追兵来了！乙支文德情不自禁地大笑起来，是的，这正是乙支文德的诱敌深入之计。见隋军越来越近，乙支文德命令士兵们迎头回击。结果可想而知：高句丽兵士们一触即溃，转身便逃，隋军则继续追击。

随后，在通往平壤的路上，便在不断地上演着这样的场景：高句丽与隋军似乎在玩追逐的游戏，高句丽兵一路再战、再败、再跑，隋军再追。一天中，隋军七战七捷，士气顿时大振，遂全力急进，并一口气渡过萨水（今清川江），在离平壤仅30里处的山麓安营扎寨。

这一切都尽在乙支文德的掌握之中。他一边加紧部署军队，一边再次遣使向宇文述"投降"：贵军若班师，鄙国立刻让吾王高元前去辽东觐见大隋天子杨广陛下。

对于高句丽的"请降"，虽然明知这不过是其玩的老一套把戏，宇文述还是下定决心把它当成真的。这一次宇文述非常坚决，他无论如何也不会想再听于仲文的意见了，就算是真的违抗圣意也在所不惜！眼前的平壤，比辽东城更加坚不可摧，不但城高壕深、粮草充足，更重要的是高句丽人以逸待劳、士气高涨；而隋军不但长途奔袭、疲惫不堪，而且处境尴尬万分：进无可进、退无可守——粮草的严重匮乏，孤军深入导致后无援兵……没有粮草，没有辎重，没有给养，没有补充，什么都没有了，活着或许都成问题，还打什么仗？所以，这一战绝对不能再打下去了，否则他必将和他手下的30多万大军一起饿死在平壤城下！

既然决心已下，宇文述便不再迟疑，立即下令全军结成方阵向后开始撤退。

见隋军开始后撤，平壤城上的乙支文德随即命令早就蓄势待发的高句丽大军，乘势追击。高句丽军队瞬间冲出城门，从四面八方向隋军发起猛烈进攻。

在高句丽军的围追堵截下，隋军且战且退。大业八年（612年）秋，宇文述率领隋军终于退到了萨水河畔。

对于大隋30多万将士来说，这里将是他们人生的坟场，他们中的绝大多数人将埋骨于此。而对于远在辽东的皇帝陛下杨广以及整个大隋帝国而言，绝对是一场梦魇！而这还仅仅只是噩梦的开端……

乙支文德事先料定隋军必然会渡萨水北逃，便提前命人在萨水上游高筑水坝以提高水势——乙支文德熟读中国古代兵书，对“半渡而击”战术可谓烂熟于胸。

看到萨水，宇文述在心底里稍稍松了一口气，一旦顺利渡过萨水，就意味着隋军可以到达安全的彼岸。他立即命令隋军抓紧渡河，争取在最短的时间渡河。在隋军到达萨水时河水看起来并不很深。当然，隋军已经完全顾及不了此事了，他们最关心的是能否及早渡过萨水。隋军开始争先恐后地渡河，萨水河上顿时人喊马嘶、乱成一片。高句丽军队在河岸边列着整齐的战阵，站在隋军身后冷冷地注视着他们的敌人。当隋军全部都进入萨水、渡至河中央之际，乙支文德立刻下令开闸放水，首先发起水攻。大批隋军因此被水冲走，有的则被大水淹死。随后，乙支文德亲率早已蓄势待发的高句丽军队排山倒海般向隋军发动猛攻。大隋的军队瞬间崩溃，兵败如山倒，死伤无数。

宇文述、于仲文和剩下的将领们带着少数随从向西狂奔，狼狈不堪地逃到鸭绿江畔。高句丽军队在后面紧追不舍，如果不是靠将军王仁恭率部殿后，抵挡并击退了高句丽军队的进攻，这些残兵败将恐怕连鸭绿江都过不去，更何谈逃出生天?

宇文述的大军在高句丽腹地几乎全军覆灭，另一路大隋的军队也败了下来，就是前文说过的率领大隋水军自东莱郡（今山东莱州市）横渡黄海、负责进攻平壤的右翊卫大将军来护儿。

来护儿率领江淮水军逆涓水（今朝鲜大同江）而上，在距平壤城60里的地方与高句丽水军展开了遭遇战。此战隋军获得大胜。来护儿随即挑选四万精锐，乘胜直击，顺利抵达平壤城下。

在平壤城外，高句丽出兵与隋军展开激战，结果遭到溃败，被迫逃入城中。来护儿率军一路追杀，居然出奇制胜，很顺利地攻入了平壤城内。隋军攻入平壤城之后，便开始大肆抢掠，丝毫没有意识到危险的降临。正在隋军警惕性不断下降、以为胜利即将到来之时，高句丽军队猛然从埋伏已久的大街小巷中冲杀出来。隋军猝不及防，几乎全部被歼。来护儿侥幸率部杀出重围，逃出平壤城。他败退至泊船码头时，才发现自己的四万精锐只剩下几千残兵。

经此大败，来护儿再也不敢轻举妄动，只能退守海浦（今朝鲜大同江口），在此等候隋军主力的战况再行定夺。

在得知宇文述大军萨水之战惨败后，来护儿慌忙起锚，连夜率舰队撤回东莱。

结局

大业八年（612年）七月二十五日，神情恍惚的杨广被搀扶着登上了从涿郡南返的龙辇，启程回东都洛阳。这场声势浩大、规模空前的讨伐高句丽的远征就以这令人难堪的失败草草收场了。

至此，大隋历史上第一次最大规模的军事征伐，以彻底的失败宣告结束了。这次东征高句丽，大隋帝国前后动员了300多万的军队及后勤保障人员，直接用于作战的军队就达113万余，宇文述等人率领的、渡过鸭绿江进入高句丽本土作战的隋军共有30多万，而最后回来的，总共只有2700余人，连出发时的零头都不到！这场东征高句丽的战争，直接损失的是军械设备和粮草物资等可以计算得出的有形成本；大隋30多万将士的尸骨将永远长眠在异国他乡的土地上，永远地沦为了飘零游荡的孤魂野鬼——这是无法估量的损失！更有甚者，这对一向以强大著称的大隋帝国而言，它的机会成本极其高昂，伟大的大隋和同样伟大的皇帝陛下杨广居然打了败仗，全体臣民在精神上被重创了一次。

这是非常致命的损失，从此，这个强大、富庶的帝国开始走向穷途末路，它不再像之前那般自信、骄傲，也不再像过去那般勇猛和豪迈。更致命的是，杨广并未从此次失败中吸取教训，他的信心和他的才智发生了严重的错位。

可以毫不夸张地说，大隋之亡，实际上就是从此时开始的。

巨大的失败感与无尽的耻辱感，让杨广变得失魂落魄。这种失败的滋味是如此难以承受，令杨广内心充满了毁灭一切的冲动。是的，细细想来，这次的惨败，不是他自己的过错，而是高句丽人太狡猾、太奸诈了！

杨广已经失去了平素的冷静与沉着，变得歇斯底里。他越来越坚信这次的失败只是偶发性事件。小小的高句丽，居然带给自己如此巨大的耻辱，若不将之彻底抹杀，实在难以消除心头之恨。

杨广的理性被挫败感和耻辱感一点点侵蚀着，他不断地嘀咕着：不灭高句丽，誓不罢休！他根本无视他的臣民为此战所付出的巨大牺牲。他更是没有顾忌到首征高句丽之战已经将整个帝国都给掏空，尤其是对帝国上下自信心的致命打击，让大隋再也经不起丝毫的风雨！

杨广性格上的刚愎自用与倨傲不恭越来越显露出阴暗的力量。

如果杨广能够定下心来，深刻反省此战导致失败的诸多因素；如果他能潜心考察百姓疾苦、体恤民情民愿；如果他能给百姓休养生息的时间与机会……大隋帝国就不会断送在他的手中，杨广本人也就不会客死江都，落下千古骂名，遗臭万年！

当然，历史没有“如果”，杨广被永远地钉在了历史的耻辱柱上！

二征高句丽

时间是治愈一切创伤的最好良药！

经过长途跋涉返回东都的杨广，一扫失败的阴霾，恢复了以往的从容和自信。他已经从失败的伤痛里走了出来，因为他坚信首次东征高句丽的失败纯属偶然。

所以，刚刚返抵洛阳的杨广陛下，已经在心底里开始酝酿第二次远征了。

当然，在第二次东征高句丽之前，必须将那些导致帝国遭遇重挫的罪魁祸首绳之以法，这样才能为接下来的第二次征伐高句丽做好铺垫。

这些被绳之以法的人，实际上不过是替罪羊而已。帝国的重大失败必须要有人来承担责任，那么那些在战场上犯有过失的人，就是最好的人选。

首当其冲者，当然非工部尚书宇文恺莫属。就是这个家伙在东渡辽水的时候制造失误，才导致大隋出师不利、首战遇挫，不但损兵折将，而且对士气的打击太大。因此，宇文恺罪无可赦。

如果按世人的眼光看，身为历史上少有的暴戾之君的杨广，应该会迫不及待地将宇文恺处以极刑。可是令人意外的是，杨广居然没有对宇文恺施以惩处措施！宇文恺在杨广返回洛阳二十多天后病死了。他的死跟重大失职而导致忧惧成疾有关吗？这些已经不重要了，重要的是他死得非常及时，不仅自己避开了皇帝的屠刀、得了善终，而且还保全了身后子孙的福禄。

相比宇文恺之幸运，尚书右丞刘士龙就没那么幸运了。在杨广看来，不杀刘士龙，无以谢天下！正因为刘士龙的坚持，乙支文德才得以逃出生天，因为乙支文德而最终导致隋军几乎被其全歼。

当年十一月八日，刘士龙在洛阳闹市被公开处决。同日，宇文述和于仲文被罢黜所有官爵，贬为庶民。总的来说，杨广此次的肃清行动还是相当温和的。除了刘士龙之外，其他人等都保全了性命。宇文述一向是杨广的心腹，在当年杨广夺嫡时立下汗马功劳，后来杨广还和他结成儿女亲家（宇文述小儿子宇文士及娶了杨广的女儿南阳公主为妻），所以杨广对他网开一面，只是罢官而已。而至于于仲文，虽然杨广也十分器重，但其毕竟犯有大罪，且所享有的恩宠有限，所以死罪虽免、活罪难逃，被下令投进监牢，并在不久之后于牢中抑郁而死。

在经过半年的休整之后，杨广再也按捺不住那颗躁动的心，高句丽如鲠在喉，他决定无论如何也要将高句丽给征服，才能安心。大业九年（613年）正月初二，农历新年的第二天，大隋帝国皇帝杨广迫不及待地再次向帝国上下发布了征调天下军队集聚涿郡的诏命，整个帝国因为这道诏令而再次沸腾了！

洛阳乃至整个帝国全境，正沉浸在新年气氛中的百姓无不愕然。

半年前的那场倾尽全国之力、竭尽天下之财的战争所遭遇的惨败使数以百万计的百姓家破人亡、妻离子散，还有无数人在破产和死亡的边缘挣扎，数十万帝国将士刚刚才埋骨沙场，皇上竟然又不顾一切地想要东征高句丽，这无论如何也不能容忍！

整个帝国沸腾了，上至官僚、门阀，下至黎民百姓，满腔的怒火被点燃了。

帝国境内，烽火连天。越来越多的人加入造反的行列，而且是那么义无反顾。

除了大业七年（611 年）底率先在长白山（今山东章丘、邹平境内）起事的王薄外，刘霸道、张金称、窦建德等数十支反隋的队伍各自起兵、四处劫掠，其人数多者十余万，少者也有数万人，在关东地区纵横驰骋，给大隋政权造成越来越严重的威胁，各地官兵为了镇压反隋势力，忙得焦头烂额、怨声载道。

造反者的势力在日益膨胀，大有星火燎原之势。但是，杨广却不以为意。

在杨广看来，数百年来的中国历史经验无数次证明了，帝国政治不过是门阀世族操纵的政治游戏。真正的帝国政治智慧与力量，从来只是掌握在少数权贵手中，只要这些世家豪门能够安分守己，那些农民绝对难成大事！看着各地官员心急火燎呈报上来的奏章，杨广丝毫不以为然。

为了第二次东征高句丽，杨广再次起用宇文述。《资治通鉴·卷一八二·隋纪六》载，大业九年（613 年）二月壬午，下诏说："宇文述以兵粮不继，遂陷王师；乃军吏失于支料，非述之罪，宜复其官爵。"寻又加开府仪同三司。随后，杨广不但恢复了宇文述的所有官爵，而且还加封其开府仪同三司。也就是说，宇文述因祸得福，在罢官半年后又升官了！

由于前次的重大失败，也因为各地叛乱蜂起，很多百姓纷纷逃离故土，致使杨广第二次远征的军队迟迟未能集结。满朝的文武大臣趁机向杨广进谏，劝皇帝陛下暂缓对高句丽的征伐。杨广已经失去了基本的理智，他怒不可遏：高句丽小虏，侮慢上国！今拔海移山，犹望克果，况此虏乎？！

大业九年（613 年）春，在经过长时间的准备后，杨广再度御驾亲征，率领百万大军进抵辽东，拉开了第二次东征高句丽的序幕。为了此次远征万无一失，随军物资总量高于首次的一倍还多。虽然军队数量有所减少，但作战素养却得到了极大的提高。杨广特别招募了一批强悍的兵士组建骁果军，“骁果”之名取骁勇果毅之意。骁果军将士多为关中人，他们身强力壮，骁勇善战。

当年四月二十七日，杨广御驾渡过辽水。二日后，杨广命宇文述和大将军杨义臣绕过辽东城，直接奔袭高句丽都城平壤，又命左光禄大夫王仁恭进攻新城（今辽宁抚顺），杨广则亲自率领各军从正面猛攻辽东城。

杨广汲取了第一次征伐的教训，不再遥控指挥，而是任由各军将领们自主决策，目标就是一定要将辽东城拿下，至于具体的想怎么打就怎么打！

基于对第一次征伐高句丽失败原因的深刻反思，隋军痛定思痛，此次的战略部署更加切合实际。在又一次对百姓大加搜刮之后，隋军待遇优厚，粮草充足，士气也颇为高涨。因此，各军将士们开始撸起袖子拼命——可谓八仙过海，各显其能。随着隋军作战水平的尽情发挥，一时间，战场上“飞楼”、“撞车”、云梯等大型攻城器械纷纷登场，而且还挖掘出了多条通向辽东城的地道。与此同时，随军主力从四面八方夜以继日地向辽东城发起空前猛烈的进攻。

面对辽东城中高句丽守军超乎寻常的坚忍和顽强，隋军再次面临着艰难的局面。隋军一刻不停地强攻了20多天，双方伤亡都很惨重，可是辽东城却依然固若金汤。

在这关键时刻，杨广的聪慧与睿智派上了用场，他在经过几个昼夜的苦思冥想之后，终于想到了一个好办法。

《资治通鉴·卷一八二·隋纪六》载，辽东城久不拔，帝遣造布囊百余万口，满贮土，欲积为鱼梁大道，阔三十步，高与城齐，使战士登而攻之。又作八轮楼车，高出于城，夹鱼梁道，欲俯射城内，指期将攻，城内危蹙。

这简直可以算得上是一个绝妙的创意——甚至称得上史上最完美无瑕、稳操胜券的作战计划。杨广不禁对自己的睿智和伟大的发明沾沾自喜。一股喜悦情不自禁地汹涌激荡在他的心头。在辽东城下，眼看着帝国大军即将攻破辽东城，杨广忽然诗兴勃发，立即策马跃上辽东城外的高冈，神采奕奕地吟出了那首逸兴遄飞、被后人长久传颂的《白马篇》，以志此行。

《白马篇》

白马金具装，横行辽水傍。
问是谁家子？宿卫羽林郎。
文犀六属铠，宝剑七星光。
山虚弓响彻，地迥角声长。
宛河推勇气，陇蜀擅威强。
轮台受降虏，高阙翦名王。
射熊入飞观，校猎下长杨。
英名欺卫霍，智策蔑平良。
岛夷时失礼，卉服犯边疆。
征兵集蓟北，轻骑出渔阳。
集军随日晕，挑战逐星芒。
阵移龙势动，营开虎翼张。
冲冠入死地，攘臂越金汤。
尘飞战鼓急，风交征旆扬。
转斗平华地，追奔扫带方。
本持身许国，况复武力彰。
会令千载后，流誉满旂常。

（宋·李昉《文苑英华》）

这首诗气势磅礴、意象瑰丽，被誉为乐府经典名篇。

此时，另一支大隋远征军已经突进到了鸭绿江边，大隋海军也齐集东莱海角，高句丽“国势日蹙”，已经到了危亡的最后关头。

不过，杨广似乎高兴得有点儿太早！就在他为即将到来的总攻做准备的时刻，命运的天平再次偏向了高句丽那边！

在接连创造出新奇战法并创作了经典佳作之余，杨广胸有成竹地确定了总攻日期。他坚信，一旦发起总攻，辽东城必将一战可下，而整个高句丽的灭亡也必定指日可待。与此同时，辽东城上的高句丽守军密切注视着城外的隋军士兵，很快就明白了隋军的作战意图。他们已经预感到辽东城的末日或许马上就会降临了，因此惊恐至极。

就在这胜利即将成为现实的千钧一发之际，杨广的运气似乎耗尽，命运之神再度抛弃了他。

大业九年（613 年）六月二十八日，来自洛阳的一道十万火急的战报送抵辽东。在得到战报的一刹那，杨广如遭雷击。——杨玄感造反了！

局势的变化超出了杨广的意料之外。问题的严重性，不仅在于杨玄感造反本身，还有杨广一直以来严加提防的关陇勋贵们。据情报显示，此次杨玄感造反居然有多名关陇贵族子弟从反，这是杨广最为恐惧的！

其实，杨广对门阀勋贵的造反早就有了心理准备。只是，他没有想到杨玄感会在这个节骨眼上反叛！虽然进攻辽东城的战斗已经到了最为关键的时刻，而且胜利在望！但是，杨广不敢冒险。

高句丽虽然罪不容赦，但它对帝国，尤其是对自己的帝位根本构不成任何实质性的威胁，而杨玄感反叛却是实实在在的巨大威胁。杨广深切感受到杨玄感反叛带来的严重后果与巨大的危险性！因此，他必须放弃唾手可得的辽东城，即刻班师回朝，必须尽早除掉杨玄感！

《资治通鉴·卷一八二·隋纪六》载，庚午，夜二更，帝密召诸将，使引军还，军资、器械、攻具，积如丘山，营垒、帐幕、案堵不动，皆弃之而去。杨广反应可谓十分的迅速，一秒钟也不敢耽误，他紧急下诏："六军即日并还。"退军诏令秘密而迅速地下达。杨广一边火速撤军，一边不断发出种种指令，调集各地兵马对杨玄感进行围剿。

大业九年（613年），虽然征伐高句丽的失败导致杨广的政治威信已经受到重大打击，但毕竟还是举国公认的、名正言顺的帝国皇帝，这与之后几年的情形不可同日而语。大隋帝国的各路重臣在得知杨玄感造反后，不待杨广命令，便纷纷起兵讨逆、平叛。所以，杨玄感叛军在起兵不过一个月的时间就被消灭，他自己最后也自杀身亡。

回到涿郡，杨广得到驿报说杨玄感兵败自杀，心中的石头总算暂时落了地。平叛居然如此顺利，杨广内心深处不免有些后悔。早知如此，自己根本就不应该急于班师，完全可以在辽东再坚持十天半个月，那样高句丽此时或许早已被荡平，必将成就千古伟业！

但是，这一切都已悔之晚矣。第二次东征高句丽的战争再次失败了！

三征高句丽

再次回到东都洛阳的杨广，内心深处对二征高句丽的失利一直耿耿于怀。

一种无名的懊丧情绪，始终笼罩着杨广。这种负面情绪令他寝食难安。杨广实在是百思不得其解。为什么连续两年、发动两百多万士卒，耗费资财无数，大隋可谓倾尽举国之力，竟无法将弹丸小国高句丽给彻底征服？而这样的结果，对于一向自负的杨广而言，实在是无法接受！既然不可接受，那么，只有用血与火来挽回自己的耻辱！

杨广已经不再愤懑，但他无法面对可耻的接连失败。因此，杨广在几经挣扎之后，再次痛下决心，誓将高句丽彻底踏平，方可一解心头之恨。

杨广的刚愎自用，在这一刻淋漓尽致地展露出来。如果他能够放下仇恨，能够冷静地分析眼前的帝国局势，他一定会大吃一惊：大隋的统治根基正在不断遭到削弱，整个帝国早就伤痕累累了。换句话说，大隋帝国已经无法再次承受他的任性与狂傲！大隋国库由富庶殷实变得一贫如洗，百姓由家给人足到民生凋敝；继之而来的是叛乱蜂起、烽烟遍地；不仅豪门世家开始蠢蠢欲动，而且一些帝国官僚也日益离心离德。

大业十年（614 年）春，杨广在百般忍耐之后，于二月初三诏令朝中的文武大臣对三征高句丽举行廷议。前面两次东征高句丽都是在举国上下欢度新年的祥和氛围中，杨广诏令起兵东征高句丽的。现在，他终于学会了稍稍克制，没有再像前两次那般迫不及待。但是，百官并没有因为皇帝陛下的“进步”而欢呼，甚至连应有的恭敬与回应都没有。一连三天，帝国朝会的大殿上始终鸦雀无声。朝堂之上，一片静默。

沉默，很多时候或许代表默许，但也可能意味着无言的反抗！满朝文武用这种无言的方式表达内心的不满与抗争。对于百官的沉默，聪慧如杨广，一定心知肚明，但他并不理会。

三征高句丽的决定就这么诡异地通过了。

大业十年（614 年）二月二十日，三征高句丽的集结诏令再度从东都发出，迅速传遍天下。

从一定意义上来说，杨广的这道诏令可称得上是大隋帝国的死亡通知书。

杨广绝对不会想到，自己的帝国、甚至连他自己的命运，在这一刻已经无可更改！也没有人能够知道，这份“死亡通知书”在短短的四年后，将向世人展现它那狰狞的真容！是的，是杨广自己断送了大好江山。当然，大业十年的杨广是不可能预见到这一点的。此刻的他正率领三征高句丽的大军再次向涿郡进发。

第三次发兵高句丽的时间，定在大业十年（613 年）三月十四日。但是，与前两次东征高句丽不同，此次隋军的心态、气势与军容，都发生了根本性的改变。连续的远征使隋军将士完全没有了应有的锐气。就连皇帝陛下杨广也深切地感受到了这支队伍的疲沓。面对这样一次极为勉强的远征，杨广内心深处越来越不安起来，他对自己的孤注一掷开始有些后悔！他一边向涿郡前进，一边担心粮草供应问题，他也深深地感受到帝国已经变得越来越孱弱不堪了。

士卒大量逃亡的现象在从洛阳开拔的那一刻起就开始出现了，一路上都一直持续着。这反映了士兵们的普遍心理，厌恶连年的征战，渴望过上平静、安定的生活。而这，对于正在远赴辽东的将士们而言，无疑成为一种奢望。在走投无路之际，天下纷乱，烽烟四起给了他们逃离的可乘之机。虽然不断有士卒在逃亡，帝国远征军还是如期抵达辽东。

当年七月十七日，这支充满着无奈和惊惧情绪的帝国远征军在皇帝陛下杨广的亲自率领下终于到达辽东的怀远城（今辽宁辽中）。与此同时，大将来护儿的水军也顺利渡过渤海，在毕奢城取得了一次大捷，击溃了前来迎战的高丽句军队，并乘胜渡过鸭绿江，兵锋直指平壤。

此时，大隋远征军日子并不好过。厌战情绪与恐惧心理像瘟疫一般在隋军内部蔓延。当然，高句丽的军队日子也不好过，他们已经有些绝望。前两次连番大战，隋帝国固然失利了，但同时也使得高句丽元气丧尽。此刻的高句丽军民就像隋军一样，普遍存在着怯战心理。尤其是一年前的那场辽东之战，至今令高句丽惊魂不定。

面对卷土重来的隋朝水陆大军，高句丽王高元开始变得惶惶不可终日。万般无奈的情况下，他不得不再次祭起了“投降”的法宝。对于用惯了“投降”手法的高句丽而言，连他们自己对于大隋能否接受都心中无底。七月二十八日，高句丽王高元胆战心惊地遣使赶赴大隋军营叩见杨广，并奉上了投降书。为了表达诚意，高元还特地把先前流亡到高句丽的隋将斛斯政（此前因杨玄感造反，斛斯政与之通谋，事情败露后，逃至高句丽避祸）逮捕、用囚车押回。

高句丽人希望能以这样的诚意打动杨广，以换取和平。幸好，高句丽人知道害怕了。如果是在前两次东征的话，杨广一定会断然拒绝高句丽的投降，他一定要跃马大同江，亲自攻进平壤、活捉高元，才能一解心头之恨。然而，此时此刻当闻听高句丽使者来求和，杨广内心却不禁升起一丝窃喜。

杨广自己都不清楚为何会有一种解脱的感觉？对此，他深感羞愧。曾几何时，身为天之骄子，贵为帝国天子，傲视天下的自己，居然对蕞尔小国高句丽的投降感到如此的如释重负！在其高傲的人生词典中，居然会有如此卑微的时刻，命运实在对自己太不公平。

杨广终于意识到，东征高句丽简直是自己生命中最最可怕的一场噩梦！

第三次远征以高句丽的主动乞降而结束。表面看，这是三征高句丽以来取得的首次胜利，本应该值得庆贺。但这样的一场胜利，对于杨广的威信却没有丝毫裨益。对于东征高句丽的初衷，也几乎没有谁再去追究。这场战争好像就是为了把大隋这样一个强盛的帝国给折腾到土崩瓦解而设定的游戏。毫不夸张地说，帝国的命运完全是被杨广给断送的。

杨广和他的帝国终于赢得了一场期盼已久、却又万分尴尬的胜利。认真说来，这场胜利实在有些虚幻，杨广能够以胜利者的姿态班师回朝，就已经十分侥幸了！对于这一结果，虽然很多人不以为然，但它毕竟是“胜利”的，总比前两次远征在面子上要好看一点儿！对于这次聊胜于无、充满无奈与反讽的“胜利”，很多人深感难堪。不，还不仅仅只是难堪，更多的是耻辱，是对杨广的怨怼与愤恨！

首征高句丽，结果百万大军惨败而归；二征高句丽，因杨玄感叛乱而无果而终；三征高句丽，居然以如此方式不了了之，让人不得不怀疑这一切是否只是一个玩笑。

一场期待已久的庆功仪式，终于姗姗来迟。对于整个大隋帝国官民来说，这场仪式实在显得有些鸡肋。表面上，在金光门外如期举行的凯旋仪式盛大、隆重，但事实上，帝国上下一片哀鸿令这场凯旋变成了自大隋立国以来最无精打采、最具嘲讽意义的仪式。

在凯旋仪式举行一个月之后，隋炀帝诏命高句丽王入朝，却不料高句丽根本不予答复，高句丽人再次玩起了“诈降”诡计。三征高句丽彻底变成了天大的笑话。

第四节 乾纲独断，怙恶不悛

在传统史家的笔下，杨广被描述成了一个十恶不赦、荒淫无道的暴君，一个彻头彻尾的魔鬼，一个葬送了大隋江山的败家子。

当然，有人骂，也就会有人捧。历史从来都是公平的。

从公正的角度说，杨广既不像某些人说的那么坏，也没有为他翻案的人说的那么好！杨广既有成就“千古一帝”的大业雄图，也有千夫所指的累累恶行。

所以，我们既不能只关注杨广恶的一面，也不能无视他恶的那一面。同样，我们既不能无视杨广的功绩，也不能只一味地为杨广歌功颂德。

乾纲独断，怙恶不悛

《剑桥中国隋唐史》中有这样一段描写：“儒家修史者对炀帝道义上的评价的确是苛刻的，因为他们把他描写成令人生畏的典型的‘末代昏君’。在民间传说、戏剧和故事中，他的形象被作者和观众随心所欲的狂想大大地歪曲了——人民生活在一个无节制地使用权力、有豪华宫殿和享有无限声色之乐的世界中，只能产生这种感情上的共鸣。在中国的帝王中，他绝不是最坏的，从他当时的背景看，他并不比其他皇帝更加暴虐。他很有才能，很适合巩固他父亲开创的伟业，而他在开始执政时也确有此雄心。但是他希望历史会肯定他的执政以及他追求豪华壮观的欲望，这就使他的判断力不能发挥出来。那种骄奢淫逸的作风只能使阿谀奉承之辈得势，而他周围确有这样一批人，这对他是致命的。东征高句丽——这种企图的目的我相信是合理的，即使是传统的——随着每次失败，却使他越来越着迷，而着迷对于拥有最高权力的专制君主及其统治的人民来说往往是致命的。”

作为少年有成的天子，出身显贵的杨广自负才华出众，傲视天下。如此性格，既有其有利的一面，也存在着严重的缺陷。

从好的方面说，在身处顺境时，杨广可以恣意地发挥他的聪明才智，绘制他心中壮阔的雄图大业，可以向着成就“千古一帝”的理想奋勇向前。杨广的大半生可以说都是按照他的意志和理想在阔步而行。从大业七年（611 年）开始，他的命运急转直下，从首征高句丽失利开始，就像打开了一道厄运的缝隙，而且在随后的几年间令杨广越来越焦头烂额。

或许，命运之于每一个人都是公平的。有的人在前半生过于得意，到了后半生便穷途末路。像杨广就是这样的，大业七年之前的一切都是那么完美，之后却每况愈下，最终葬送掉大好江山，身死国亡！

杨广的个性中，有一种执拗、支配的欲望，令他必然不甘平庸守成，他有“大业”的梦想，并向着“大业”不断奋进。这既是成就雄图大业的动力，也是断送大业的潜在危险。

《剑桥中国隋唐史》中对杨广的评价有一句话非常中肯，“在中国的帝王中，他（杨广）绝不是最坏的，从他当时的背景看，他并不比其他皇帝更加暴虐。”虽然事实上杨广不是最坏的，但传世的恶名却可以排进古代暴虐之君的前三甲，这一方面是代隋而兴的李唐君臣恶意抹黑的结果；但另一方面，更多的原因还是杨广在百姓心目中的恶魔形象——天下苍生都被杨广视为“刍狗”！在杨广登基成为帝国最高统治者之后，他就成为亿万黎民百姓命运的主宰者。而且，他还不是一个体恤民情的天子。

实际上，从杨广继位以来，从来就没有哪一天消停过。前文已述，在位期间，他有超过十年的时间都是在巡幸天下的路上度过的。在天下大乱的背景下，甚至很多次在举国共庆佳节的时刻，杨广都要“殚精竭虑”地操劳，第一、第二次东征高句丽，分别是在大年初一、初二这样的欢庆时刻开拔。本该与民同庆、共襄太平盛世的皇帝陛下，却不顾臣民们渴望团圆、欢度佳节的需求，这不得不说杨广的任性与独断专行。不仅百姓苦，百官亦苦，而远征的将士们，同样对此心有不悦！

杨广不甘平庸的性格，让他雄心万丈，尤其对理想与抱负的执着，让他奋不顾身地投入构筑雄图大业的行动中。而大隋帝国雄厚的物力、财力也为他提供了巨大的可能性和坚实的保障。在其父杨坚在位二十多年勤俭立国的基础上，帝国聚积了大量的财富，经济繁荣，社会稳定，家给人足，一派盛世景象。在大业初年，这一盛世更是以快速的节奏向着辉煌迈进！千古"大业"近在咫尺……但是，一切的一切，都在大业七年（611 年）戛然而止。

冰冻三尺，非一日之寒。虽然，若论聪慧睿智，古往今来能超越杨广者的确寥寥无几；但其人生太过完美，万千荣耀集于一身，估计连命运之神都要生出一丝忌妒！也正是因为这份忌妒，才使杨广的命运自大业七年之后来了一场彻底的反转。作为一位天子，过度追求完美，带给帝国的绝对是灾难。事实也一再证明了这一点。

杨广乾纲独断，恣意而为。营建东都洛阳并迁都，开凿大运河，巡幸天下，三征高句丽……无论哪一件事，都是许多帝王一辈子想做却做不到的宏大工程。杨广不仅全部做到了，而且都做到了最好！在成就千古大业的同时，付出的代价也是巨大的。尤其是三次对高句丽的征伐，不仅未能驯服这个蕞尔小国，而且还经历了惨败，从炫目的巅峰跌入毁灭的深渊。

在这从天堂到地狱的转换中，如果杨广没有一意孤行，如果他懂得适可而止，如果他懂得反思自己，如果他真正体恤自己的臣民，如果他……历史却没有假设!

在大业年间，杨广在重大事项上的决策，都可以用“乾纲独断”来形容。很多事情往往是杨广突然心血来潮，虽然也会有朝议，也会有争议，但是，这些都不过是走个过场，杨广是在以这种方式告之群臣。换句话说，所谓的“朝议”只是杨广来知会群臣的一种方式。

杨广的独断专行,《隋书》《北史》及《资治通鉴》均有记载。这既是杨广对自己才华的一种自负，也是其完美主义性格的必然结果。毕竟，在杨广眼中，谁能够真正理解自己呢？对于国家治理问题，杨广胸中早就有了一盘宏大的棋局，那是千古大业的棋局，那是走向人生巅峰的大业！怎可任由那些庸碌的凡夫俗子聒噪？

刚愎自用，自毁大业

杨广聪明则极聪明，但这种聪明却又带来了一个极大的包袱——聪明过度，导致极度的自负，反倒变成了刚愎自用。连他的皇后萧氏特为他而作的《述志赋》劝谏也无法改变他的这种执拗与顽固不化!

《述志赋》

承积善之余庆，备箕帚于皇庭。

恐修名之不立，将负累于先灵。

乃夙夜而匪懈，实寅惧于玄冥。

虽自强而不息，亮愚朦之所滞。

思竭节于天衢，才追心而弗逮。

实庸薄之多幸，荷隆宠之嘉惠。

赖天高而地厚，属王道之升平。

均二仪之覆载，与日月而齐明。

乃春生而夏长，等品物而同荣。

愿立志于恭俭，私自竞于诚盈。

孰有念于知足，苟无希于滥名。

惟至德之弘深，情不迩于声色。

感怀旧之余恩，求故剑于宸极。

叨不世之殊盼，谬非才而奉职。

何宠禄之逾分，抚胸襟而未识。

虽沐浴于恩光，内惭惶而累息。

顾微躬之寡昧，思令淑之良难。

实不遑于启处，将何情而自安！

若临深而履薄，心战栗其如寒。

夫居高而必危，虑处满而防溢。

知恣夸之非道，乃摄生于冲谧。

嗟宠辱之易惊，尚无为而抱一。

履谦光而守志，且愿安乎容膝。

珠帘玉箔之奇，金屋瑶台之美，

虽时俗之崇丽，盖吾人之所鄙。

愧絺绤之不工，岂丝竹之喧耳。

知道德之可尊，明善恶之由己。

荡嚣烦之俗虑，乃伏膺于经史。

综箴诫以训心，观女图而作轨。

遵古贤之令范，冀福禄之能绥。

时循躬而三省，觉今是而昨非。

嗤黄老之损思，信为善之可归。

慕周姒之遗风，美虞妃之圣则。

仰先哲之高才，贵至人之休德。

质菲薄而难踪，心恬愉而去惑。

乃平生之耿介，实礼义之所遵。

虽生知之不敏，庶积行以成仁。

惧达人之盖寡，谓何求而自陈。

诚素志之难写，同绝笔于获麟。

（唐·魏徵等:《隋书·表·卷一》）

杨广的刚愎自用，主要表现在对不同政见的态度上。尤其对一些重臣的进谏，大多数情况下，如果不能顺应自己的意愿，再合理再正确的意见，他也不会予以采纳。拒绝纳谏，听不进不同的声音，是后世指责杨广暴虐的诸多罪证之一。

《资治通鉴》记载，大业三年（607 年），杨广下诏征发丁男一百余万人，筑长城，西拒榆林，东至紫河。“尚书左仆射苏威谏，帝不听，筑之二旬而毕。帝之征散乐也，太常卿高颎谏，不听。”对于高颎等人的进谏，杨广不是不知道其合理性的一面，但是他就是“不听”。这一方面是因为此刻杨广对他们的猜忌，高颎等为关陇贵族集团成员，为心腹大患，必欲除之而后快；另一方面则是他对劝谏本身的厌烦！后来，高颎因为劝谏不获用而发牢骚，和太常寺丞李懿说起：（古代）周天子因为好淫乐而亡国，殷商灭亡的前车之鉴不远。皇上怎可重蹈覆辙呢！高颎就杨广对启民可汗待遇过高而对太府寺卿何稠抱怨说：此虏（启民可汗）对我大隋的虚实特别了解，恐怕以后会对帝国造成后患啊。

高颎夙夜为公，对杨广及朝政越来越担忧，就对观德王杨雄抱怨说：近来朝廷越来越没有纲纪了。与高颎亲近的礼部尚书宇文弼也十分赞同高颎的意见，并对杨广征修长城表示了不屑一顾，“长城之役，幸非急务”。持同样观点的还有光禄大夫贺若弼，他对杨广厚待启民可汗也颇有微词，批评杨广过于铺张浪费。

杨广正愁不知该如何铲除关陇权贵，以巩固自己的权力。在获悉高颎、宇文弼、贺若弼等人的批评与抱怨后，便以“诽谤朝政”的罪名将三人诛杀。高颎作为大隋重臣，文韬武略，世务明达，“自蒙寄任，竭诚尽节，进引贞良，以天下为己任”。朝中一大批贤德的臣属皆由高颎所推荐，苏威、杨素、贺若弼、韩擒虎……这份名单可以说几乎囊括了朝中的主要官员。不仅如此，高颎当朝执政二十余年，所办的大事、所立的功业不可胜数；朝野上下对高颎都非常叹服，“物无异议，海内富庶，颎之力也。”所以，高颎被处死后，天下没有不哀伤的。

因高颎等人被杀而受到株连的包括苏威、萧琮等人。当然，受到株连的绝不止这两人而已。另一重要名士、著名诗人薛道衡之死亦或多或少与之有一定关联。薛道衡少时就有才名，喜欢用心于文章字句之间，喜欢在沉静中构思，“道衡每至构文，必隐坐空斋，踢壁而卧，闻户外有人便怒，其沉思如此。”他尤其擅长诗作，如他的《出塞诗》：“绝漠三秋暮，穷阴万里生。寒夜哀笛曲，霜天断雁声。”有一种边塞悲凄的情调，却又弥漫着一股粗犷壮大之气，体现了北朝的诗风特点。

自古文人相轻。除了那些惺惺相惜的博雅之士，大多数人对与自己近似的人都存在着一种“天然”的隔膜，或者叫敌视！薛道衡之于杨广，虽然正史中并未作过多的“文人相轻”的笔墨，但由诸事亦可大略推断一番。薛道衡不喜杨广是不争的事实。史载，隋文帝开皇年间，一次薛道衡被人弹劾在朝中结党，被除名，处以流放岭南。当时坐镇扬州的晋王杨广听说此事后，出于对薛道衡才华的钦慕，便秘密派人到长安联系薛道衡，让他取道扬州去岭南，等到了扬州，就可以上奏隋文帝，把他留在扬州幕府中。但不知出于什么原因，结果薛道衡并未走扬州，径而取江陵道前赴岭南。杨广即位后，薛道衡从地方上回到京师。虽然前次薛道衡没有给面子，但杨广仍打算对他委以重任，让他担任秘书监这一要职。这一次薛道衡倒是没直接拒绝，但是给杨广进献了一篇《高祖文皇帝颂》，对早已仙逝的隋文帝杨坚极尽赞颂之词。这篇颂被杨广视为对自己权威的极大挑战，因此大怒，他对近臣苏威说："道衡至美先朝，此《鱼藻》之义也。"《鱼藻》是《诗经》中的一篇，据说是此诗通过歌颂周武王而讥刺周幽王。杨广十分不痛快，但还是任命薛道衡为司隶大夫，史书称从此"将置之罪"，有了杀薛道衡之心。薛道衡之好友司隶刺史房彦谦（唐初名臣房玄龄之父），觉察到隋炀帝对薛道衡的不满，便劝道衡杜绝宾客，闭门自守，以躲避灾祸，但薛道衡却并未采纳。文人的迂阔在薛道衡身上一览无余，他不仅没有韬光养晦，而且还不合时宜地发表意见，对高颎之死表示惋惜，"会议新令，久不决，道衡谓朝士曰：'向使高颎不死，令决当久行。'有人奏之，帝怒曰：'汝忆高颎邪！'付执法者推之。"

有人失宠、被杀，当然也就有人受宠、升官。大业年间因得宠而受重用的奸佞小人也不在少数，他们刻意逢迎杨广的喜好，欺上瞒下，将朝廷搅和得乌烟瘴气，大隋国势渐衰。这其中，尤以宇文述与裴蕴二人最为典型。

在杨广夺嫡过程中可谓居功至伟的宇文述，在杨广登基后，成了大隋军界的第一人，宇文家族也权倾一时。虽然杨广一直以来处心积虑，甚至不遗余力地削弱关陇贵族集团的权势，但对于同是关陇贵族出身的宇文述家族却恩宠有加。杨广与宇文述间有着超乎寻常的深情厚谊，这种关系已经远远超越了君臣之谊。在宇文述有生之年，杨广对他一直予以重用，甚至后来还与之结为了儿女亲家。在杨广夺嫡、登基过程中的那些功臣名宿，要么恃宠而骄如杨素，要么洁身自持，都先后与杨广疏远。这其中，只有宇文述，还是和杨广未当皇帝前一样，他会很自然地常入宫中与之聊天，送一些自己喜欢的美食给皇帝。对于杨广而言，宇文述是自己鲜有的亦臣亦友的一个人。所以，多年以来，无论是东征高句丽战败也好，还是子弟盗卖军粮也罢，都没有影响宇文述仕途上的风光无限。这些如果是放在别人头上，那都是抄家灭族的大罪，但在宇文述这儿却不过只是小事一桩。

杨广对宇文述的信任、包容，不仅只是知恩图报这么简单，他似乎抛却了自己身为皇帝的身份与地位。作为帝国皇帝，在本质上不过是一个政客，政客必须心狠手辣，为实现自己利益的最大化而不择手段。杨广在处置宇文述及其家族问题上，则忽视了这一点。在雁门惊魂三十三天的那段时间，战争局面万分危急，雁门城内本来就粮草将尽，将士们每天都不得不减少粮食配额，以防各地勤王的援军未到而城内粮食已断的危局。谁想负责雁门城防的、宇文述的儿子宇文化及兄弟看雁门局势，在这千钧一发之际竟然想两头下注，悍然盗卖军粮给突厥人，这种胆大包天的行径简直是在拿杨广的性命与帝国生死存亡开玩笑，只不过为了换取宇文家族在城破后的一条生路。及至后来各地隋军赶到，突厥败退后，宇文化及兄弟盗卖军粮的事东窗事发。这种事本是抄家灭族的重罪，但是杨广却并未严惩，大概是顾及与宇文述的交情吧？宇文化及兄弟等人逃过一劫，虽然官职被降，但这处罚实在太轻了。杨广居然就如此轻而易举地把危及自己身家性命及帝国命运的罪行赦免了！

自古以来，身为帝王者，必须遵循上位者的游戏规则。若对危及自身性命的罪行都能够赦免的话，那岂不开了一个极端危险的先例？日后谁还会再有忌惮？短短的三年后，这种无穷祸患即开始发作了——正是宇文化及兄弟勾结司马德戡等人谋反，杨广被缢弑而亡。隋炀帝重情念故，对杨素和宇文述二人助自己夺嫡之恩念兹在兹，继位后不仅大加封赏，委以高官厚禄，甚至还把长女南阳公主嫁给宇文述之子宇文士及，破格提拔杨素之子杨玄感为礼部尚书。但是，正是他最信赖恩宠的这两家最终葬送了他的大业，也断送了他的性命。杨玄感叛乱导致大隋第二次东征高句丽在关键时刻功败垂成，而深受皇恩的宇文化及兄弟，最后在江都煽起兵变，缢死杨广，大隋帝国最终土崩瓦解了。

除宇文述外，民部侍郎裴蕴是另一个得到杨广恩宠的奸佞小人。《资治通鉴》记载，裴蕴以民间版籍，脱漏户口及诈注老小尚多，奏令貌阅，若一人不实，则官司解职。又许民纠得一丁者，令被纠之家代输赋役。是岁，诸郡计帐进丁二十四万三千，新附口六十四万一千五百。帝临朝鉴状，谓百官曰：“前代无贤才，致此罔冒；今户口皆实，全由裴蕴。”由是渐见亲委，未几，擢授御史大夫，与裴矩、虞世基参掌机密。

但是，裴蕴善候伺人主微意，所欲罪者，则曲法锻成其罪；所欲宥者，则附从轻典，因而释之。是后大小之狱，皆以付蕴，刑部、大理莫敢与争，必禀承进止，然后决断。蕴有机辩，言若悬河，或重或轻，皆由其口，剖析明敏，时人不能致诘。裴蕴善于察言观色，曲意迎合杨广的意志，干出许多祸国殃民之事。他大规模扩充乐府，一改文帝旧制，将乐府扩充至三万余人，专供炀帝一人享用。升任御史大夫后，参掌机密，破坏法制，以言定罪、释罪，生杀予夺，一人独断，裴蕴直接促成和加深了杨广的独裁统治，致使奸佞横行，冤狱遍地，怨声载道。这进一步加剧了帝国社会矛盾，最终断送了大隋的国祚，二世而亡。

呜呼哀哉！杨广成就千古大业的征程中，虽然取得过远超古人的辉煌成就，但带给百姓的却是无尽的苦难与折磨，每一项举世无双的伟大功业的背后，都是以千百万人的鲜血与汗水为代价的。杨广的“大业”之路，是天下苍生的悲苦之路，是大隋帝国走向覆灭之路。大业虽成，却贻害天下，岂不悲哉？

第四章 群雄并起

《中国皇帝的五种命运》中写道，眼看着皇帝（杨广）越来越颓废，政治越来越混乱，昔日贵族们摩拳擦掌。从雁门之围后，北方草原上的马匹价格一路飙涨，以唐国公李渊为代表的各地贵族纷纷招兵买马。大业十三年，他们感觉时机已经成熟，隋鹰扬郎将梁师都、马邑富豪刘武周、金城富豪校尉薛举、唐国公李渊、武威富豪李轨、萧梁子孙萧铣、江都通守王世充等手握重兵的大臣不约而同，纷纷起兵，割据一方，众多世族亦加入其中。

第一节 王薄首义，烽烟四起

《资治通鉴·卷一八一·隋纪五》记载，帝自去岁谋讨高丽，诏山东置府，令养马以供军役。又发民夫运米，积于泸河、怀远二镇，车牛往者皆不返，士卒死亡过半，耕稼失时，田畴多荒。加之饥馑，谷价踊贵，东北边尤甚，斗米直数百钱。所运米或粗恶，令民籴而偿之。又发鹿车夫六十余万，二人共推米三石，道途险远，不足充餱粮，至镇，无可输，皆惧罪亡命。重以官吏贪残，因缘侵渔，百姓困穷，财力俱竭，安居则不胜冻馁，死期交急，剽掠则犹得延生，于是始相聚为群盗。

邹平民王薄拥众据长白山，剽掠齐、济之郊，自称知世郎，言事可知矣；又作《无向辽东浪死歌》，以相感劝，避征役者多往归之。

大业七年（611 年）。就在这一年的冬天，隋末大起义的第一把烽火，由王薄在齐鲁大地上点燃。随后，各地起义便呈燎原之势。

为什么是山东？为什么是王薄？这是许多研究隋末历史的学者都十分关注的问题。有一句名言，“自古燕赵多慷慨悲歌之士”。其实，山东作为中华文化圣地，“自古齐鲁多英杰”。在隋末历史大潮中，涌现出诸多的英杰豪侠，秦琼（秦叔宝）、徐世勣（徐懋功，李世勣）、程知节（程咬金）、单通（单雄信）、房乔（房玄龄）……这些为世人所熟知的英杰们，留下了无数令人遐思的事迹，至今还在为人们所津津乐道。

而在隋末波澜壮阔的历史画卷中，王薄无疑是反隋的首义者。

民不聊生，王薄首义

大业七年（611 年），杨广发布了征伐高句丽的诏令。战争动员令一下达，山东、河北等地就成为主要的战备后勤基地。

兵马未动，粮草先行。一场战争，首先需要有充足的粮草供应。当年，杨广统率 50 万大军灭陈，后来又数次御驾亲征吐谷浑……身为一代雄主，杨广对战争的理解以及对粮草在战争中的决定性作用再清楚不过。其实，早在大业六年（610 年），杨广就在山东地区设馆开府，命当地百姓负责饲养战马，以供军需；同时还征调大批民夫运送粮草，前往泸河（今辽宁锦州）、怀远（今辽宁辽中）二镇。由于运输量大、路途遥远，再加上天气原因，导致大量的运粮车辆在途中损毁、拉车牛马死亡。眼看着一批又一批的车辆、牛马都一去不复返，官府只得再次征发 60 多万民夫，将他们编成二人一组、每组配一辆小型手推车，负责运送三石粮食到辽东前线。

但是，官府却犯了一个严重的错误，也是最为直接、现实的问题——没有给这60多万人派发口粮！难道官员们把这些人真当成了牛马？所以只是给他们派发任务，而不考虑他们吃什么的问题！但问题在于，人不是牛！牛吃草即可，人必须吃粮。

既然官员们不顾自己的死活，60万民夫只能自己想办法解决——军粮，就成了他们一路上的口粮。等快到泸河、怀远二镇时，民夫们手推车上的粮食也差不多都被吃光了。这些民夫自知这是死罪，只好一哄而散、各自逃亡。最后的结果是，30多万辆空荡荡的运粮手推车，就这样静悄悄地倒在路上。

与此同时，自杨广登基以来不停地征发百姓大兴土木，若干浩大工程的同时建设、推进，大隋臣民们早就不堪重负。由于连年繁重的徭役，不仅挤占了农时，而且出现了劳动力的严重缺乏，导致山东、河北等地的农田大面积荒芜，饥荒随之而来。这就像多米诺骨牌效应一样，饥荒带来的是粮食价格的快速上涨，一斗米卖到了数百钱。再加之各级官府横征暴敛，贪官污吏依然不计一切后果地竭泽而渔。人们早已达到承受的极限，他们衣不蔽体、食不果腹，挣扎在死亡的边缘。人生已经彻底失去了希望！被逼到了绝路上的百姓，出路在哪里呢？

显然，如果任由这样的情形继续下去，绝对没活路了，怎么办？看来，只有一条路可走，造反！做暴民可能还会有一线生机，在暴政中唯一的生存办法就是——让自己变成暴民！

就这样，走投无路的山东民众，率先暴动，走向了反隋的“不归路”……而领导这场反隋“大业”的是山东邹平人王薄。

王薄首义，成了引发隋末各地叛乱的导火索。王薄自称“知世郎”，意即对天下大势甚为知晓。为了向百姓宣传反隋大计，王薄还精心创作了一首《无向辽东浪死歌》，歌中唱道：“长白山前知世郎，纯着红罗锦背裆。长槊侵天半，轮刀耀日光。上山吃獐鹿，下山吃牛羊。忽闻官军至，提刀向前荡。譬如辽东死，斩头何所伤！”这首“劝世歌”通俗易懂、简洁明了，亦十分振奋人心，一经问世便受到当时山东诸地民众的广泛欢迎。各地的流民、饥民和难民们热血澎湃，嘴里哼着这首歌，像潮水一样从四面八方纷纷涌向“知世郎”王薄据守的长白山（今山东邹平）。

与其整天提心吊胆、破衣烂衫地在寒风中等着被活活冻死、饿死，或者被官府抓到辽东战场上不明不白地送死，还不如造反求生、横刀向天。横竖都是死！反隋或许还有一线生机！如果能够成功，锦衣玉食、荣华富贵不敢奢望，但起码可以过上安稳的生活。历史上无数次的经验都告诉人们，造反是暴政中求生的不二法门，虽然最后可能会丢了性命，但至少可以穿一回绫罗绸缎、吃一回獐鹿牛羊，而且和那些当官的也拼了一个你死我亡！死亦死矣。再说，就算这样死了，也比死在辽东痛快；就算这样被砍头，也能无悔无怨！还是知世郎看得透彻啊！

仅凭一首脍炙人口的《无向辽东浪死歌》，王薄就成功地占据长白山并发展壮大，其部众越聚越多，在齐（今山东济南）、济北（今山东茌平）等郡纵横出没。他们聚众自保，不时地劫掠府库，开仓放粮，以招徕更多的民众加入。过去那些饥寒交迫的日子再也不会回来了，人们忽然感觉自己越来越自由和幸福……

王薄首义的示范效应是显而易见的，山东境内的许多豪强不禁怦然心动……一个大时代即将到来！

虽然王薄抢占了反隋首义的位置，而且声势不小，但毕竟在整个大隋帝国的版图上，实在算不得什么。就像一只牛虻叮在一头硕大无朋的水牛身上，虽然让水牛生出些许的不适，但对它庞大的身体而言微不足道。这样的牛虻再来十只二十只，可以说也无关紧要。历史已经证明，大隋帝国之患，不在百姓之乱，而在杨广的贻害天下与世家豪强的纷纷叛隋起事！

烽烟四起，天下大乱

《资治通鉴·卷一八一·隋纪五》中记载，自是所在群盗蜂起，不可胜数，徒众多者至万余人，攻陷城邑。甲子，敕都尉、鹰扬与郡县相知追捕，随获斩决；然莫能禁止。

自从王薄在长白山首义以来，造反者如雨后春笋般出现了。

各地大大小小的反隋势力各自为战，割据一方，初如星星之火，后呈燎原之势，给大隋带来越来越大的威胁。各地官府一方面要执行朝廷之命不断征调百姓奔赴前线；一方面又要防民变、镇压各地叛乱，可谓焦头烂额、苦不堪言。

继王薄之后而举起反隋大旗的是一个叫“阿舅贼”的平原郡（今山东陵县）的豪强。平原郡东有一个叫豆子的地方，地形险要，自北齐以来就是众多盗贼隐匿的好去处。阿舅贼，其家就在豆子附近，这为他反隋提供了有利的地形条件。阿舅贼，本名刘霸道，“累世仕宦，赀产富厚。喜游侠，食客常数百人”，刘霸道见朝政紊乱、官府日渐松弛，便效仿王薄，公开造反。如此人物振臂一呼，自然应者云集。所以，当刘霸道揭竿而起后，四方来附者达到十几万人。

继之而起者，有漳南人（今河北故城）孙安祖聚众于高鸡泊（今河北故城）、鄃县人（今山东夏津）张金称聚众于河曲（今河北临西）、蓨县人（今河北景县）高士达聚众于清河（今河北清河）并自称“东海公”，韦城人（今河南滑县）翟让、章丘人（今山东章丘）杜伏威等亦相继起兵。在这些人中，后来发展成为隋末三大反隋力量之一的窦建德，虽然起兵稍晚，但势头强劲，影响巨大……这些反叛势力往往啸聚山林、部众云集，他们神出鬼没、纵横州郡之间，到处攻城拔寨、劫掠资财，令各地官府甚为头疼。

在大业七年（611 年）的这些大大小小的反隋势力中，窦建德并不惹人关注。随着形势的发展，他由一个名不见经传的小人物，逐渐成为这批人中声望最著、势力最大的反隋势力的领袖。他自称“夏王”，雄踞河北，与突厥人订立攻守同盟，直至李唐政权建立后仍是关东地区的几大豪强之一。

窦建德，河北漳南人，自幼勇武过人，行侠乡里，胆略过人。他因侠义之名吸引很多乡邻前来投奔归附。大业七年（611 年），帝国开始在各地征召东征高句丽将士之时，窦建德因骁勇之名被任命为二百人长，其同乡孙安祖也在此次被征召入伍。但是，孙安祖却因家中遭遇洪灾、妻子儿女都被饿死而对官府恨之入骨，因此他坚决不肯应征参军。当地县令大怒，将其逮捕并施以鞭刑。孙安祖愤而刺杀县令，随后便逃至窦建德家中。窦建德将他藏匿起来，一番晓以大义后二人达成共识。窦建德为其募集了 200 多个壮士，孙安祖带着这些人进入高鸡泊，公开开始反隋。孙安祖自称“将军”，成为反隋势力中的重要一支。

窦建德此时为何没有反隋？既然他已预见到“天下必大乱”，还襄助同乡起事反隋，他自己却仍安心做他的“二百人长”？或许，直到这一刻，窦建德仍对帝国抱有幻想？或者说他对自己在隋军中的前程仍抱有幻想？所以，他才会毫不犹豫地帮助同乡！要知道，从逃犯到“响马”，如此巨大的角色转换，可不是一般人能够轻易做得出来的。可以说，窦建德自己当时是舍不得的，毕竟他还是有极大的希望在帝国军队中出人头地的！要迈出从“二百人长”到“响马”的重大一步，还需要有一个契机。而这个契机，正是漳南县官府给的。

原来，当地官府对窦建德窝藏孙安祖一事早有觉察，再加上张金称、高士达等盗贼凡有劫掠，都会自动地避开窦建德家的所在。当地官府“疑建德与贼通，悉收其家属，杀之”。

窦建德终于下定了反隋的决心，他无奈地走上了响马的人生路，带着自己手下的200人投奔高士达。不久，孙安祖被张金称所杀，其所属士卒全部都归附窦建德，部众增至一万多人，声势日渐壮大。由于窦建德为人礼贤下士、能够与士卒同甘共苦，所以士卒们都愿意为他效命。越来越多的人聚集到了窦建德的麾下……

自大业七年（611年）开始，各地变民蜂起，数不胜数，少则数千上万，多则数万。虽然从大隋帝国整个局势来看，这些反叛势力整体上还无法构成致命性的威胁，但其发展势头却不容小觑。杨广对这些变民虽然不屑一顾，但仍颁发诏令由军队配合各地官府大加剿除，一旦抓捕即刻斩首。但是，各地反叛势力仍然无法完全禁止，不断有难民、饥民及灾民加入变民的行列。大隋帝国愈加风雨飘摇了。

第二节 玄感叛隋，天下无贼

大业九年（613 年）六月二十八日，远在辽东讨伐高句丽的杨广获悉来自洛阳的战报——杨玄感造反了！杨广当时就如遭雷击，完全慌了神。

杨玄感造反的严重性，不仅在于杨玄感位高权重、影响巨大，更在于还有多名关陇贵族子弟从叛。这才是杨广最为恐惧的！

杨广一直以来对关陇勋贵们严加提防，想方设法削弱和打击关陇贵族势力。但是，他知道这些门阀勋贵是不会甘于坐以待毙的，他甚至时刻在准备着扑灭由这些世家豪族挑起的叛乱。他敏锐地觉察到，大隋的真正威胁和致命危机，正是关陇勋贵集团，而非那些百姓之乱。后来的历史发展也基本印证了杨广的预判！事实上，大隋帝国最终的覆灭，杨广命丧江都，正是关陇贵族在其中推波助澜，起着决定性的作用！

杨玄感举兵

杨广是对的。杨玄感叛乱所带来的连锁反应，正是杨广最不愿意看到的后果。

如果说遍及各地的百姓造反在杨广眼中只不过是蚍蜉撼树的话，那么杨玄感叛乱则无异于一场政治海啸，让杨广和整个帝国的统治根基受到了致命的威胁。杨玄感叛乱之所以让杨广感到恐惧，在于杨玄感特殊的身份和独特的影响力。

杨玄感，隋朝开国元勋杨素长子，《隋书·列传第三十五·杨玄感》称其“体貌雄伟，美须髯；好读书，善骑射”。在诸多兄弟中，无论在性格、长相，还是野心方面杨玄感都最像其父杨素。年纪轻轻的杨玄感便因父荫而位至柱国、官居二品，与其父杨素位列同班。父子同朝列班，在当时传为一时佳话，随着隋文帝杨坚猜忌日甚，杨素父子越来越觉得不妥。有一天，杨坚借机当廷宣布把杨玄感的官职降了一品，这对一般人而言，可能意味着大祸临头。但杨玄感却十分机智，他当即拜谢，表示隋文帝成全了他的孝心。这样一来，不但巧妙地化解了自己被当廷降级的尴尬，而且同时一石三鸟——皇帝开心、父亲欣慰，而他本人则博得了忠孝之名。绝妙！很多臣僚当时就断定了其前程不可限量。

杨玄感早年在地方上担任刺史，政绩卓著。杨素死后，他便回到中央，袭封楚国公、拜鸿胪卿，不久后升任礼部尚书。由于出身望族、地位尊崇、爵显权重，再加上自身才情高广，使得杨玄感盛名远播，当时有很多帝国名士纷纷趋附，竞相结交于其门下。这一切，都引起了杨广深深的疑忌。杨玄感自然也感到强烈的不安。除了其自身的问题，还有更为严重的威胁令杨玄感心怀忐忑！

其实，杨玄感的恐惧早在其父杨素在世时就已经产生。众所周知，杨素既是大隋的开国元勋，又在杨广夺嫡继位过程中扮演了重要的角色。杨广登基后，面对年轻的皇帝，晚年的杨素难免居功自恃，多次在朝堂之上流露出骄矜之色。杨广对此十分反感，称杨素“无人臣之礼”。于是，杨广、杨素这对昔日的政治盟友便开始出现嫌隙，而且猜忌不断加深。所幸，不久杨素重病离世，才避免了一场鸟尽弓藏、兔死狗烹的悲剧。

杨素死后，杨广仍然心有不悦，曾感言倘若杨素不死，终将被灭族！皇帝的这句话很快就传到了杨玄感的耳中，令他大为惶恐。杨玄感深知，自己家族累世显贵，盛名著于天下，满朝文武很多都是自己父亲当年的手下将吏，如此雄厚的政治资本定然会被天子视为心腹之患。所以，杨广才会故意放出风声说出那样的话，目的就是对他们进行严厉的警告。杨广的这句话，就像高悬在杨玄感及其家族所有人头上的一把利剑，随时都有斩落下来的可能！灭族之祸，成为笼罩在杨玄感心头的巨大阴霾。

与其任人宰割、坐以待毙，还不如铤而走险、放手一搏！杨玄感从此便开始和他的弟弟们日夜密谋，准备伺机而动。大业五年（609年），杨玄感跟随杨广出征吐谷浑。在破灭吐谷浑胜利班师的途中，隋军走到大斗拔谷（今甘肃民乐县东南的甘、青交界处的扁都口隘路，自古为甘肃河西走廊通青海湟中的捷径）时，一部分随驾官员和卫戍部队与杨广失散了。杨玄感认为，这是一个千载难逢的好时机，准备立即发动宫廷政变，活捉杨广。对此，其叔父杨慎却极力劝阻，认为当时人心稳定、国势强盛，动手的时机并未成熟。杨玄感只得无奈地放弃。

两年后，杨广计划东征高句丽，杨玄感遂主动向兵部尚书段文振请缨。杨玄感一方面是想借此来表现自己的忠心、同时麻痹杨广；另一方面是想掌握兵权、借机发难。段文振将杨玄感主动请缨一事告诉隋炀帝，隋炀帝夸奖杨玄感，并赐给杨玄感缣彩数千段，对他礼遇更加隆重，杨广从此逐渐恢复了对杨玄感的信任，时常让他参与中枢决策。

大业九年（613年）春，杨广第二次东征高句丽。杨广命杨玄感赴黎阳（今河南浚县）负责督运远征军的粮饷。此时，各地的民变已成燎原之势，大隋帝国天下动荡，人心思乱。杨玄感便乘机与武贲郎将王仲伯、汲郡赞治赵怀义等谋议，故意拖延东征军队的补给，不按时发运粮草，并派人暗中召回随杨广到辽东的其弟杨玄纵、杨石和在长安的好友蒲山公李密秘密会商。通过这种方式，杨玄感想让杨广所在的部队断粮挨饿，试图以此削弱远征军的战斗力，这样杨广就极有可能被高句丽人消灭在辽东战场上，然后趁机起事。远在辽东战场的杨广，发现粮饷不继，便一再派使者催逼。杨玄感便以“水路有很多反贼，不可前后而发运”予以搪塞。但是，这样的托词毕竟无法一直蒙混下去，同时他也害怕夜长梦多，于是断然决定即刻起兵反隋。同年六月初三，右骁卫大将军来护儿率大隋水军，将从东莱入海，前往平壤城。部队尚未出发之际，因担心无法号令众人，杨玄感便派家奴装扮成使者，从东方疾驰而来，“谬称护儿失军期而反”。杨玄感乘机进军黎阳县，紧闭城门，把城中男丁都征召入伍，并假借讨伐来护儿之名，让周围的州郡发兵，至黎阳粮仓所在地会合。杨玄感以东光县尉元务本为黎州刺史，赵怀义为卫州刺史，河内郡主簿唐祎为怀州刺史。短时间内，杨玄感就聚集起近万人的军队。

李密之“三策”

这个世界上很多人自以为聪明，可很多聪明人在人生的关键时刻往往会选择下策。因为他们喜欢把“成功”建筑在最开阔最醒目的空地上，让它拥有最多的见证者，让所有人都感受到它的夺目光芒。比如现在的东都洛阳就是这样一块四敞之地。而且它很快就将变成一块四战之地。但是此刻的杨玄感却迫不及待地想要拿下它。（王者觉仁《大唐帝国的兴亡——一个巅峰王朝的全景史诗》）

自黎阳举兵后，杨玄感第一步夺取东都洛阳的战略选择，虽能在一定程度上撼动大隋的统治根基，在政治上也算是一招妙计。但是，如果从军事角度及长远眼光来看，洛阳自古乃是四战之地，易攻难守，此举显然不是上上之选。

对于这一点，杨玄感的密友、后来成为反隋重要力量之一的瓦岗寨领袖的李密，就曾给杨玄感作过深刻的分析，只可惜杨玄感并未采纳。杨玄感起事后，“遣人入关迎密”。李密素与杨玄感交好，“自长安应召至军，为杨玄感谋主”。到达黎阳后，李密被杨玄感视为心腹智囊，主要负责主持谋划工作。

李密向杨玄感提出了他那著名的谋取天下的上、中、下三策。李密认为：北据幽州，断隋炀帝后路，为上策；西入长安，控制潼关，为中策；就近攻洛阳，胜负难测，为下策。

听罢李密的“三策”，杨玄感不禁思索，如今百官眷属皆在东都，若先取之，足以动摇士心、颠覆国本。倘若所经城池概不攻拔，何以显示义师威武？！先生所谓下策，实乃上策！

或许，杨玄感并没有什么错，错就错在他没能把攻占洛阳的困难考虑得足够充分。如果能够快速拿下洛阳，那结果一定会截然不同的。洛阳毕竟是大隋帝国中央权威的象征，如果能快速拿下，不仅可以从根本上动摇隋的江山，给予杨广毁灭性的打击，而且能给杨玄感带来无限的满足感。

客观地来看李密的“三策”，其策略之精髓，一是广借外力且削弱敌人可以借助之外力；二是分清主次矛盾，认清形势，尽可能多地消灭敌人的有生力量是当时不可能绕过去的战略任务；三是不取巧冒进，正确分析敌我的力量对比，随时做好持久战的准备。其上策根本着眼点在于，夺辽西走廊关隘，可扼其咽喉，凭借地利以克敌制胜；同时可以驱使高句丽袭扰杨广，借高句丽一国之力制敌；而且，杨广远征军是最大的威胁，应当最大程度地消灭其有生力量，成就霸业。

下策之所以为“下”，关键在于隋军据守洛阳，可凭借的地利早已不复存在，一旦久攻不破，主客易位，陷自身于险境；而且，攻洛阳，不过是以匹夫之勇，对大隋之毛皮，丝毫没有谋略制胜的意义。至于中策，虽无上策之优，却有山河险峻可守，自古关中就是龙兴之地，选择中策，也是成就帝业的一个重要选择。

总之，李密的“三策”实在是高瞻远瞩的谋略，可惜，杨玄感误判了局势。命运之轮，不禁令人扼腕。李密虽然在随后的时间里，仍然想竭力挽回杨玄感的命运，但他知道，杨玄感失败的命运已经注定。因此，李密也做好随时离开的准备。

兵败自杀

杨玄感对于自己能将李密的“三策”中的“下计”化为“上计”非常自得，他始终坚信只要自己攻下东都，军威必然大涨，若能抓获文武百官及家属，必然可以彻底地动摇杨广的根基，夺取天下亦是轻而易举之事。杨玄感首先将驻屯于黎阳的杨广龙舟全部烧毁，然后率领部队向东都洛阳进军；同时，命其弟杨积善率三千人从偃师以南沿洛水西进，另一弟杨玄挺自白司马坂（即白马山，在今河南洛阳北邙山北麓）越过邙山从南面向东都发起进攻，杨玄感亲率三千多人马紧随其后。

隋帝国留守东都的越王杨侗和民部尚书樊子盖很快接到杨玄感起兵的消息，虽然二人非常害怕，但还是立即下令加强对东都的防御。与此同时，还派河南令达奚善意率五千精兵抵挡杨积善、命河南赞治裴弘策率八千人迎战杨玄挺。

当时，杨玄感的士卒多为没受过正规训练的民夫，手执单刀柳盾，也没有弓箭铠甲，但士气高昂。而隋军士兵虽装备精良却士气低落，达奚善意五千精兵还未开战，就迈步开跑，丢盔弃甲。裴弘策八千军兵则五战五败，被杨玄挺打得狼狈而逃，最后只带十余骑逃回了洛阳城中。六月十四日，杨玄挺直接包围了东都。杨玄感率军从后面赶到时，他的部队因为收编大隋散兵，部队兵员已达到数万，装备也得到了升级，成了名副其实的大军。杨玄感包围洛阳后，远近各地的民众将他当作大救星，竞相献上酒肉，表达欢迎之情。杨玄感认定人心向己，每每誓众道：我身为上柱国，家累巨万金，至于富贵，无所求也。今者不顾破家灭族者，但为天下解倒悬之急、救黎民之命耳！这阵阵誓言，愈发打动了天下受苦受难的民众之心，每日来军营投效者，竟达数千人之多。在外围打了些胜仗后，杨玄感已将洛阳城围得水泄不通。负责东都城防的民部尚书樊子盖，严明纪律，申颁法令，组织了洛阳保卫战。两军僵持不下，城内有很多达官贵族子弟，如皇族观德王杨雄之子杨恭道、开国元勋韩擒虎之子韩世谔、杨广重臣虞世基之子虞柔、大将军来护儿之子来渊、杨广宠臣裴蕴之子裴爽等四十多人，纷纷前来投奔杨玄感。杨玄感特别激动，认为自己赢得了政治优势，立即将他们全部委以重任。乃分兵五千占据慈硐道（今河南洛阳），五千人把守伊阙道（今河南洛阳），派韩世谔率三千人包围荥阳(今河南荥阳)，顾觉率五千人攻取虎牢(今河南汜水)。杨玄感亲率主力攻打东都，但在樊子盖主持下，洛阳城巍然耸立，杨玄感一时无法攻破城池。

在洛阳城展开激烈攻防战的同时，洛阳的西边，有一支大隋的援军正在日夜兼程赶来。原来，是镇守长安的代王杨侑派刑部尚书、京兆内史卫文升统领四万大军前来救援东都。卫文升率领援军日夜疾驰，经崤（在今河南洛宁）、渑池（今河南渑池），在东都城北和杨玄感军形成东西对峙之势。

卫文升主动出击，率两万大军出战。杨玄感则采取诱敌深入的策略，假装败退，卫文升果然上当，率军追击，结果中了杨玄感的埋伏，前军尽数战殁。几天后，双方再战，杨玄感再次使诈，双方兵锋刚一接触，杨玄感便让部下大叫官军已得杨玄感！这使得卫文升部将士有些迟疑，杨玄感则乘着这个机会，亲率数千骑兵冲锋，冲得隋军大溃，俘虏了八千人。杨玄感不是个在后面指挥的人物，他往往身先士卒、呼喊叱咤，且力大无比、骁勇得很，每战都是手执长矛冲锋陷阵，所挡者莫不惊魂失魄，不能抵挡。隋兵大为震动，都惊呼其为项羽重生。双方经过多日交战，隋军数战皆败。卫文升便孤注一掷，与杨玄感进行决战，一日内双方交战十余次，隋军士卒几乎伤亡殆尽；加之粮草供应不继，卫文升只得率残部退守邙山南麓。杨玄感乘胜追击，准备将卫文升所部隋军全歼。眼看卫文升军难以支持，不料他的弟弟杨玄挺竟然在混战中被流箭射死，杨玄感才不得不暂时退却。

就在洛阳危在旦夕、卫文升濒临绝境之际，远征辽东的大隋军终于回师中原。

洛阳战场上的局势发生了根本性的逆转。随后的一切都如李密所预料的那样。杨玄感的末日降临了……

杨广诏令虎贲郎将陈稜进攻元务本据守的黎阳，这里是杨玄感起兵的老巢；命右侯卫将军屈突通进驻河阳（今河南孟州），命左翊卫大将军宇文述率大军随后跟进；与此同时，来护儿也挥师从东面向洛阳猛扑过来……这比李密原先所推断的情况更糟——杨玄感起事还不到一个月，天下之兵已经蜂拥而至。然而，此时的杨玄感却根本没有意识到自己的处境岌岌可危。他还沉浸在之前的胜利中，同时对李密越来越不信任，反而听信新归附的降将李子雄的煽动，企图称王，只是在李密极力劝阻下才悻悻作罢。李密不由得感叹道：楚公（杨玄感）热衷于造反，却不知道如何取得最终的胜利，我等现在尽成瓮中之鳖了。

面对大隋援军越来越多、对他已形成致命威胁的关键时刻，杨玄感在战略上再次犯下了一个低级错误：听信李子雄的计策，把本来就不多的兵力分成两路，一路抵抗已经屯兵黄河北岸的屈突通，一路继续进攻卫文升。但是屈突通部很快就突破了他的防线，顺利渡过黄河，与卫文升部及洛阳城中的樊子盖部遥相呼应，对杨玄感形成了前后夹击之势。直到此刻，杨玄感才真正意识到形势的紧迫，并下定决心，采纳并实施李密当初的“中策”——西进关中，凭借险要据守长安。

大业九年（613年）七月二十日，杨玄感接纳李子雄、李密的建议，无奈地解除了对东都的包围，率军西进潼关，准备夺取关中。宇文述与屈突通、来护儿、卫文升等部会合一处，统率大军尾随其后拼命追击。西行数日后，杨玄感进至弘农（今河南灵宝）。弘农太守、蔡王杨智积（杨坚侄子）派遣弘农当地的一些父老，出城拦住杨玄感的马头，说：“如今弘农兵力薄弱、防守十分空虚，但囤积了很多粮草，很容易攻取。将军救救我们吧！”杨玄感对此深信不疑，立即兵临弘农城下。杨智积则在城头叫骂，诱使杨玄感攻城。杨玄感果然上当，命令士兵停止西进，开始进攻弘农城。面对如此情形，李密进言兵贵神速，力劝杨玄感全速西进，入据潼关，以保全自身。

但杨玄感却根本不为所动。杨智积略施小计就把他牢牢锁定在了弘农城下。事实上，弘农城并非像那几个弘农父老所说的那般“兵力薄弱、防守空虚”，相反还兵力强大，而且城防异常坚固。

结果可想而知，杨玄感猛攻三天，弘农城却纹丝未动。等到杨玄感回过神来准备放弃弘农、继续西进之时，宇文述等人率领的几十万大军已经赶到。杨玄感只得暂停下来，迎击隋军，列阵五十里，且战且退，但一天之内三战皆败。

至当年八月初一，杨玄感被迫在董杜原（今河南灵宝）与隋军展开最后的决战。战斗的结果毫无悬念——杨玄感惨遭大败，全军覆灭，仅带着十余骑兵突围而去，准备逃奔上洛（今陕西商州）。在隋军的穷追猛打下，连那十几名亲兵也逃散了，身下的坐骑也被射杀了。最后，只剩下杨玄感与其弟杨积善二人。他们只能徒步逃亡，来到了一个叫“葭芦戍”的地方（今河南灵宝）。

初秋的旷野上，热气蒸腾，微微泛黄的树叶飒然作响。远远望去，兄弟二人就像两只踟蹰前行的小蚂蚁，那么弱不禁风，那么孤苦无依——谁能想到，那是曾经叱咤天下的贵公子，曾经大隋帝国的礼部尚书，曾经高举反隋大旗振臂高呼、应者云集的杨玄感？两个人相互扶持着，浑身上下遍体鳞伤，衣冠早就破烂，在苍茫的高天下，他们进入一片树木中。眼见大势已去，早已穷途末路的杨玄感不愿遭擒受辱，让杨积善杀了自己。他对弟弟说：“我无法接受别人的杀戮和侮辱，你把我给杀了吧。”

历史在这一刻定格，杨玄感兵败身亡。没有人会知道，在杨积善手起刀落的那一刻，杨玄感究竟是怎样的一种表情？或许什么都没有，只有一脸的决绝？或许什么都有——悔恨、哀伤、痛苦、愤怒、绝望，还有困惑、不甘？这一切都不再重要……

杨积善在杀掉哥哥后，也准备即刻自刎，但由于他下手不够狠，只在脖子上拉出一道口子，即被尾随而至的隋军追兵捕获，与杨玄感的首级一起被送至杨广面前。杨广下令在洛阳闹市刂磔杨玄感的尸体，将之切成了碎块；三天后又将其剁成肉酱，最后扔进火中烧成了灰烬。

杨积善也被杨广处以极刑，杨广还将杨积善的姓改为“枭”。

至此，自大业九年（613 年）六月初三黎阳举兵，至八月初一兵败身亡，前后不到两个月的杨玄感叛乱就这样被彻底平定了。正应了“其兴也勃焉，其亡也忽焉”的历史轮回。来势凶猛的杨玄感，其崛起令人炫目，而其灭亡同样迅速。

在随后的政治清算中，凡与杨玄感叛乱有所瓜葛的人都受到株连，上至当朝大员、下至普通平民百姓。因株连而被捕杀的有三万多人，被流放的也有六千多。至此，这个世界上曾经跟杨玄感有过瓜葛的人几乎都被无情地处置了。当然，这其中还是有极少数“漏网之鱼”逃过了一劫，李密无疑是其中的幸运儿。早在杨玄感猛攻弘农城兵败之前，李密就已悄然离去，他准备投奔其他义军，不料半路上被大隋官府抓获。在随后押解的路上，李密用黄金贿赂看押官员，并乘其不备而逃出生天，投奔了平原郡的郝孝德。再后来，李密投入瓦岗寨，并成为隋末诸雄中的一支强大力量。那是后话，暂且不表。

虽然杨玄感的叛乱很快就被平定，似乎在军事上对大隋江山的威胁并不大，但在政治上却带来极其严重的后果。杨玄感公然宣称杨广是暴君，在举兵誓师时宣称：主上无道，不以百姓为念，天下骚扰，死辽东者以万计，今与君等起兵以救兆民之弊，何如？他不仅罗列了杨广好大喜功、滥用民力等种种失政之处，而且宣布要“废昏立明”，这使得杨广的统治威信遭受致命性的打击，原本就因远征高句丽而一再受损的政治威望再一次急剧下降。更为严峻的是，这是隋帝国统治集团内部高层的公开分裂，大隋帝国的政治伤口赤裸裸地袒露在世人面前，必将给杨广、给帝国命运带来巨大危机。

雁门惊魂三十三天

被围在雁门、又一次在全国人民面前丢尽脸面的这一刻，杨广第一次惊觉：自己现在面临的问题不是在皇帝排行榜上排第一还是第二的问题，而是帝国能不能在自己手里保住的问题！他突然发现，那个从他出生起就一直伴随在他身边的幸运不知道什么时候已经永远离他而去。那曲一直演奏得辉煌盛大的交响乐在一度转成低沉压抑之后，现在居然不断滑音和跑调，使一场演奏会变成了滑稽戏，正襟危坐的观众们忍俊不禁。他原以为自己是上帝的宠儿，没想到上天对他如同对万物一样不过视为“刍狗”。他原以为他的幸运是上天无偿的赐予，不想原来却是利息沉重的债务，要他一一用不幸加倍偿还。他原来一直以为上天赐给他的是古往今来最幸福的人生，哪知中途剧情骤转，看来他的人生很可能变成一场彻底的悲剧。（张宏杰《中国皇帝的五种命运》）

屋漏偏逢连天雨，船迟又遇打头风。

不知从什么时候开始，命运总是在和杨广过意不去！有一点却是确凿无疑的，大隋以及杨广，自从开始东征高句丽起，便流年不利。从那时候开始，似乎杨广就已经被命运之神所抛弃。三次远征不仅颗粒无收，更是将一个强大富庶的帝国折腾得民不聊生、山河破碎。更严重的问题是，杨广的威严与尊崇，被彻底打碎了。不仅国内叛乱蜂起，而且边塞靖平的局面也随之改变。这次给杨广带来致命威胁的，正是曾长期归附大隋帝国的突厥人。

大隋帝国的北方，是强大的突厥汗国。隋初，杨坚采纳长孙晟提出的远交近攻之策，对突厥各部分化离间，使其相互攻击、不断内耗。从此突厥分裂为东、西突厥二部，长期武力相向、兵戈不息。

为了对付西突厥和东面的契丹，东突厥长期归附大隋帝国。在启民可汗主政时期，突厥与大隋的关系几乎达到鼎盛。启民可汗岁岁朝觐，终身以臣藩之礼恭谨侍奉大隋。《资治通鉴・卷一七九・隋纪三》载，开皇二十年（600年）启民可汗上表谢恩，称：大隋圣人可汗，怜养百姓，如天无不覆、地无不载！染干如枯木更叶、枯骨更肉，千世万世，常为大隋典羊马也！

前文已述，大业三年（607 年）杨广北巡边塞，受到启民可汗的隆重接待。正是因为当时高句丽使者在场，才让杨广勃然大怒，下定决心要征服高句丽。

两年之后的大业五年（609 年），对大隋始终恭敬有加的启民可汗病逝了，由其子阿史那·咄吉继位，称始毕可汗。

始毕可汗即位后，一改其父生前奉隋如父的政策，使得突厥与大隋关系日渐疏远。长年经略西域的重臣裴矩向杨广建议用离间之策，以分化瓦解突厥的内部力量，以宗室女嫁给其弟阿史那·叱吉，然后封叱吉为南面可汗，以此达到牵制和削弱始毕可汗的目的。杨广依计而行，不料阿史那·叱吉胆小如鼠，丝毫没有其父当年的气魄与见识，根本不敢接受隋朝的赐婚。大隋的离间分化之策失败，始毕可汗在得知此事后，对隋帝国的怨恨开始加深，并准备伺机脱离大隋的控制，重新成为独立的突厥可汗。

见一计不成，裴矩便又生一计。为了削弱始毕可汗的力量，裴矩以贸易之名在马邑（今山西朔州）诱杀了始毕可汗一个极富谋略的心腹大臣史蜀胡悉，并派人告诉始毕可汗。

始毕可汗十分清楚史蜀胡悉是如何被杀的，杨广君臣的不择手段与险恶用心令他无比地愤怒。大隋与突厥的关系事实上已经完全破裂了。

大业七年（611 年）后，隋帝国内乱蜂起、国威日蹙，国力也在不断削弱，始毕可汗觉得有机可乘，其野心也随之膨胀起来。

始毕可汗一直都在耐心地等待时机。大业十一年（615 年）八月，他终于等到了一个千载难逢的机会……

第三次东征高句丽的尴尬，在杨广内心深处有一种莫名的屈辱与不甘，就像魔鬼一样始终挥之不去。此时的他，仍然在幻想着第四次对高句丽用兵。当然，他也十分清楚，就目前的情形而论，四征高句丽已不可能，国库早就损耗殆尽，百姓亦已一贫如洗，而且天下大乱。只能等待日后天下太平之时，再伐高句丽了！既然无法四征高句丽，那么，北边边塞巡幸还是要做的，突厥人越来越不像话了，必须给他们一个震慑，警告他们，大隋帝国的威严不容挑战！抱着这样的想法，杨广决定第三次北巡。

大业十一年（615 年）八月初五，杨广与萧皇后等十余万人向帝国的北部边塞进发。消息很快便传入始毕可汗的耳中，他觉得干掉杨广的机会来了。此时正行进在北巡路上的杨广还不知道，一场更加可怕的噩梦正悄悄地在前方等着他，这是比三征高句丽的失败更令他难以承受的打击。

秋天的晋北高原，风萧萧兮草木凋。在崇山环绕的御道上，盛大的天子北巡车队正浩浩荡荡向北而行，连绵不绝的各色旌旗在朔风中猎猎作响。虽然帝国已经千疮百孔，但威势还在，天子的仪仗不可或缺。

大业十一年（615 年）八月十二日，杨广车驾抵达雁门郡郡治所在雁门城（今山西代县）。随行的齐王杨暕率后卫部队驻扎于崞县（今代县南崞阳镇）。第二天，八月十三日始毕可汗便统率数十万突厥铁骑将雁门城团团包围，简直令隋朝君臣插翅难飞。当得知突厥人已经将雁门包围的消息后，随驾的文武百官惊恐万状，在一片慌乱中他们开始手忙脚乱地组织防御，急命士兵们拆卸民宅的木石修筑城防工事，同时着手部署防守四面城门的作战方案。

形势极其严峻，雁门城内共有15万军民，单论人数的话，凭借坚固的城墙应该可以支撑一段时间，但最致命的问题是——城中囤积的粮食只够20天的！换句话说，如果帝国的援军无法在这20天内到达，那么雁门城中的15万人，无论是大隋宗室成员、朝廷的衮衮诸公，还是平民百姓，甚至包括皇帝杨广本人，都极有可能被活活饿死，或者在突厥人的铁蹄下命丧黄泉。

城外突厥骑兵的攻势异常凌厉，只用了短短的几天时间便攻克了雁门郡所辖41座城池中的39座，只剩下最后两座——杨广所在的雁门和齐王杨暕所驻守的崞县。这样，突厥人就杜绝了雁门在短时间内获得一切外援的可能。现在，雁门几乎陷入了绝境，突厥人只要有足够的耐心，雁门破城之时指日可待。到时候突厥人就可以来一个瓮中捉鳖，将杨广生擒活捉。

在接下来的时间里，突厥人开始了对雁门的猛攻。他们集中兵力，轮番向城墙内射箭，战斗异常惨烈。在混乱中，突然一支流箭射到了杨广面前。

这一瞬间，杨广被吓得肝胆俱裂。他从来没有想到，贵为大隋天子，居然会在北巡的途中，被他一向所鄙夷的突厥威胁到自己的生命。

杨广第一次体会到了死亡的意味。40多年来，一直傲视天下、自我感觉始终良好的杨广，刻意维系了大半生的骄傲和尊严，在这一刻骤然崩溃。杨广一把抱住幼子赵王杨杲，纵声大哭。这一刻他不再是自信骄傲的天子，他不过是一个在死神面前匍匐的普通人。权势与地位并不能让人免于恐惧和怯懦。尤其是在面对死亡时，一个皇帝的恐惧与一个平民相比几乎没有任何不同；在失去了一切外在的庇佑时，一个天子的软弱通常要比一个草民显得更为不堪。因为对比过于悬殊，所带来的心理冲击与破坏性也就更为严重。

杨广已经完全失去了往日的从容与镇定，他神情沮丧，魂不守舍。一连几天，雁门城内很多人都注意到了天子那异常红肿的眼睛和惊魂未定的神情。

突厥人夜以继日地对雁门发动猛攻，城内形势日益险恶。由于担心雁门城池随时有可能被攻陷，宇文述力劝杨广即刻挑选数千精锐骑兵，以便拼死突围出去。但是这一提议立即遭到了多数人的强烈反对。纳言苏威指出以己之短就敌之长不可取。民部尚书樊子盖也坚持认为必须坚守城池，摧折突厥的锐气，然后紧急征调四方勤王之师前来增援。

除此之外，樊子盖还就征伐辽东的问题提出建议：陛下应该马上亲自抚慰将士，告谕他们不会再征伐辽东，并且高悬重赏。这样一来，全城将士必然会人人奋发，击退突厥有望。

许多大臣也都乘机进谏，甚至连内史侍郎萧瑀（萧皇后之弟）也站了出来。生死存亡的关头，虽然杨广很不想妥协，可他无能为力。最后杨广点头同意，并立刻到第一线视察和慰问将士，在宣布赦免高句丽的同时又颁布诏令：凡守城有功者，无论平民还是士卒，一律直升六品，并赏赐绸缎一百匹；六品以上官员则依序晋级。诏命一下，士众们欢呼雀跃，军心渐稳，士气大振。

在接下来的时间里，虽然突厥攻势仍然迅猛，城中大隋军民伤亡也十分惨重，但雁门城却依然顽强屹立着。

虽然形势似乎开始好转，城池一时半会不会被攻破，但是仍然还有要命的问题——城中的粮食在急剧锐减。虽然已经对配给实行了压缩，但是所剩余的粮食却越来越少。一旦粮食用尽，即便突厥人攻不破城池，杨广君臣仍然难逃一死！

突厥把雁门围得水泄不通，传令四方勤王的诏书很难送出去。怎么办？形势万分危急。所有人都在绞尽脑汁地想办法，结果十天过去，却依旧一筹莫展。第十一天的时候，关键时刻杨广睿智的大脑再一次灵光一闪，终于有了好主意。

八月二十四日，数百根浮木从雁门城墙上抛下来，落入流经雁门的汾水河里，并迅速顺流而下，漂向下游的各个郡县。每一根浮木上都绑着一道勤王诏书。

在随后的数日内，各郡县长官相继截获诏书，开始纷纷募兵奔赴雁门救驾。在各郡县应征勤王的队伍中，有一个少年脱颖而出，他就是后来的唐太宗李世民。当时李世民刚刚 16 岁，是屯卫将军云定兴手下的一个小兵，他给云定兴提出了一计，建议勤王队伍大量携带军旗和战鼓，然后大张旗鼓地设置疑兵，借此迷惑敌人、制造恐慌气氛。李世民指出始毕可汗胆敢以举国之师包围天子于雁门，必定认为大隋在仓促之间无法及时驰援。所以应该反其道而行之，故意夸大阵仗，白天令数十里幡旗绵延相继，夜晚则钲鼓齐鸣，让突厥人以为援军已经大量集结，势必闻风而逃。否则，敌众我寡，万一突厥人倾巢来攻，必定难以抵挡。云定兴欣然采纳了李世民的建议。

李世民的这一计谋，事后被证明取得了良好的效果。这是李世民在隋末历史大舞台上的第一次正式亮相。

除了“浮木传诏”外，杨广还采纳了大臣们的建议，派遣密使偷偷从小道潜入突厥王庭，向义成公主求救。义成公主在接到求救信之后立即给前线的始毕可汗修书，内容很短，却令始毕可汗迟疑不定：北方边境告急！

连日来，大隋帝国东都洛阳及各郡县勤王援军已大量集结，并正往雁门方向迅速移动，前锋已抵达忻口（今山西忻州市忻口镇）。始毕可汗知道，杀死杨广的最佳时机已经错过。

大业十一年（615 年）九月十五日，始毕可汗不得不下令突厥军队即日解围、全线撤退。

突厥终于退走了，所有人都如释重负。杨广感觉自己好似在鬼门关走了一遭。和死神的这次擦肩而过，带给杨广的是极其痛苦的生命体验！

天下无贼

大业十一年（615 年）十月三日，杨广拖着疲乏的身子，带着北巡的队伍，从雁门返回东都洛阳。

刚回到东都，杨广便即刻行动起来，“兑现”他曾在雁门做出的承诺。而他所做的三件事，不仅对恢复他的威信丝毫无益，而且还加剧了他与群臣之间的嫌隙，加速了自身及帝国的灭亡。

杨广所做的第一件事是兑现赏赐承诺，在雁门之围最危急的时刻，杨广曾经允诺将士，凡守城有功者，无论平民还是士卒，一律直升六品，并赏赐绸缎一百匹；六品以上官员则依序晋级。回到东都的杨广，对之前许下的“赏赐”开始反悔了，因此所谓的赏赐变得吝啬异常，完全背弃了当初的诺言。当初那些豁出性命守卫雁门的将士们，总共有一万七千人，但最后获得功勋的却只有一千五百余人；此外，对于官阶的封赏也比原先的许诺低了很多；至于物质上的赏赐，则连影子都没有。天子的所谓“赏赐”如此寒酸，将士们怨声载道，失望与愤恨不言而喻。民部尚书樊子盖劝谏，指出“君无戏言”，天子不能不讲诚信。杨广盯着樊子盖，质问他是否想收买人心。樊子盖惊惧得面无血色，再也不敢出声了。

杨广的刚愎自用，在此刻淋漓尽致地展现出来。在杨广看来，自己已经足够大方，当初之所以允诺那些高官厚禄，还不是迫于形势吗！现在已经回到了东都，这些人居然还妄想让自己实现当初的承诺，岂非可笑！杨广对自己食言而肥，丝毫不觉得有何不妥。其实，杨广犯了一个致命的错误，事关天子信用的问题，“人无信不立”，更何况是天子？身为大隋天子，必须一言九鼎，才可令天下信服。否则，就会伤及帝国的根本。

第二件事是关于高句丽。杨广念兹在兹，再次提出了远征高句丽的计划，若真的遂了他的意，这将是大隋帝国第四次东征。这让朝野上下瞠目结舌，不仅是因为天子出尔反尔，不遵守之前的承诺，更重要的是帝国已经再也经不起折腾了。不仅是满朝文武一致反对，恐怕天下人都要揭竿而起了！

杨广所做的第三件事是秋后算账。为了重塑自己的威严，杨广对于朝臣敢于在危急关头威胁自己一直耿耿于怀！当然，杨广也清楚，现在形势不稳，如果大规模地杀戮大臣，将对帝国政治造成极大的冲击。他最终决定，杀一儆百，国舅爷萧瑀被贬为河池（今陕西凤县）太守，逐出了朝廷。

处理完了北巡的历史遗留问题，杨广终于可以踏实地歇一歇了。因为，马上就要进入新年了。大业十二年（616 年）新年眼看着就该到了，按照大隋规制，过新年是要举办朝贺之礼的，到时候不仅全国各地的郡守要员会派贺使参加，而且还会有各藩属国的使者前来朝觐祝贺。

大业十二年（616 年）正月初一，新年朝贺在东都如期举行。杨广发现，天下有 20 余郡的贺使缺席。礼部官员向皇帝陛下说明了个中缘由：未能前来的，要么是郡城已落入变民之手，要么是特使在中途被变民所杀。这是大隋开国以来从未有过之事。不仅如此，来朝贺的藩属国使者亦寥寥无几。

杨广终于意识到了问题的严重性。那些他曾经不以为然的民变，越来越成为帝国的心腹之患。自从杨玄感反叛以来，各地反隋势力日益膨胀，必须尽早铲除，以绝后患。于是，杨广派遣十二路招讨使分赴各地，负责征调军队镇压各地叛乱。

至当年五月，杨广在朝会上向大臣们询问叛乱的情形。宇文述回禀道，盗贼越来越少，已经不足为虑。再问他人，纳言苏威言“臣非所司，不委多少，但患渐近。”苏威指出，以前盗贼占据长白山（距洛阳 570 公里），现在近在荥阳、汜水一带（距洛阳 65 公里）。若再度征发兵粮，如此，叛乱将无法平息。

杨广盛怒之下一言不发，即刻起身拂袖而去。

苏威见天子对自己的谏言无动于衷，亦是非常焦急。天下大乱，天子却被那些奸佞小人蒙蔽。所以，苏威要抓紧一切机会向天子进谏。但是，苏威却忘记了一件事——向天子进谏是一门高深的艺术，不仅要讲究进谏的方式方法，同时还要看进谏的是不是一个乐于纳谏的天子。二者缺一不可，仅仅只有“忠心”是远远不够的！苏威却并不善于此道，所以他只能凭着一颗赤诚忠心，冒死而为。

五月初五端阳节，“百僚多馈珍玩，威独献《尚书》。”苏威送《尚书》的目的，显而易见，就是劝诫天子，这给了某些“有心人”可乘之机。“或谮之曰：‘《尚书》有《五子之歌》，威意甚不逊。’”

顷之，帝问威以伐高丽事，威欲帝知天下多盗，对曰：“今兹之役，愿不发兵，但赦群盗，自可得数十万。遣之东征，彼喜于免罪，争务立功，高丽可灭。”帝不怿。威出，御史大夫裴蕴奏曰：“此大不逊！天下何处有许多贼！”帝曰：“老革多奸，以贼胁我！欲批其口，且复隐忍。”蕴知帝意，遣河南白衣张行本奏：“威昔在高阳典选，滥授人官；畏怯突厥，请还京师。”帝令按验，狱成，下诏数威罪状，除名为民。后月余，复有奏威与突厥阴图不轨者，事下裴蕴推之，蕴处威死。威无以自明，但摧谢而已。帝悯而释之，曰：“未忍即杀。”遂并其子孙三世皆除名。

欲加之罪，何患无辞？！

苏威，朝中唯一敢于直陈天下盗贼实情的忠君之臣就这样被天子一脚踢开！还会有谁敢于再向杨广说出大隋帝国当下的窘迫呢？

当然，这下杨广倒是耳根清静了，他可以继续他的“大业”了。

在他的心中，这才是永远不曾更改的梦想。但是，真实的情况又如何呢？

大业十二年（616年），大隋天下叛乱愈演愈烈，帝国的现状令人触目惊心。帝国朝野，上至肱股宰执、下至黎民百姓，都对天下盗贼的严重威胁心知肚明，唯有天子杨广一人被蒙在鼓里。换而言之，杨广宁可相信——天下无贼。

真的天下无贼吗？

宇文述告诉杨广，盗贼只剩下不到原来的十分之一了！

杨广的聪慧与睿智，随着他年纪的增长而日渐下降；他的高傲与自信，则随着他经历的失败而不断消弭。或许，只有让自己相信天下无贼才能令他重拾雄心与勇气！

第三节　瓦岗风云，群雄并起

以大业十二年（616年）为界，隋末局势发生了显著的变化。此前，各地反隋势力各自为战，呈现出分散、纷乱的特点。虽然很多造反者之间存在着一定的联系，但总体上却互不统属，争雄一方，相互间偶尔还会发生火并。此后，各支力量开始走向联合，并逐渐形成了三支最强大的反隋势力：以翟让、李密为首的河南瓦岗寨集团；以河北为中心的窦建德集团；以江淮为根据地的杜伏威集团。虽然三大集团对大隋帝国构成了巨大的威胁，但他们并未最终联合，造成了彼此相互消耗，并在随后的竞逐中被继起的李渊父子、王世充等贵族集团各个击破，功败垂成。

瓦岗风云，李密崛起

大业九年（613年），东郡韦城人（今河南滑县）翟让在瓦岗寨（今河南滑县）举兵反隋。随后，山东、河南等地农民纷纷参加，单雄信、徐世勣、李密、王伯当都率众投奔瓦岗寨，队伍迅速壮大。

翟让初任东郡主管司法法曹，后因犯罪而被处死刑。一个名叫黄君汉的狱吏对翟让非常推崇，认为他骁勇非凡，于是在临刑前的夜里悄悄打开枷锁，放翟让离去。

逃出生天的翟让最终选择逃亡到瓦岗（今河南滑县）为盗。这里方圆百里，因为靠近黄河，所以水汽十分充沛，草木丛生，芦苇遍地。从战略上讲，瓦岗进可攻，退可守，实在是一处天然的要隘。翟让从此当起了响马，筑起寨子，这就是后来举世瞩目的瓦岗寨。

随着瓦岗寨势力的不断壮大，越来越多的人前来投奔。这其中，有两人对瓦岗寨的进一步发展产生了巨大的推动作用，一是单雄信，一是徐世勣。

徐世勣，豪强出身，“家多僮仆，积粟数千钟”。不过，徐世勣与其父徐盖并非为害乡里的恶霸，他们“皆好惠施，拯济贫乏，不问亲疏”，享有盛名。徐世勣从小就心怀大志，很想干一番惊天动地的大事业。当听说他的同乡翟让在瓦岗寨造反的消息后，刚刚 20 岁的徐世勣便鼓动好友单雄信一起投奔翟让。单雄信勇武过人，军中号称“飞将”。二人的到来，给瓦岗寨带来了一次飞速发展的好时机。

徐世勣在得到翟让信任后，便给翟让出主意：宋、郑两郡，那里地近御河（就是隋朝大运河的北段永济渠），往来商旅众多，劫掠官私钱物非常方便。翟让听完后，大为高兴，连连叫好。随后，翟让便按照徐世勣所说的，在荥阳（今河南荥阳）、梁郡（今河南商丘）等富庶地区设置许多据点，专门拦截劫掠过往的官私船只，很快就抢了个盆满钵满。看着大把大把的财富不断进账，翟让着实非常开心。有钱好办事，越来越多的人归附瓦岗寨，其人马很快就发展到一万多人，俨然成了中原地区发展势头最盛的一支反隋势力。

大业十二年（616 年）十月，曾追随杨玄感叛乱的李密辗转前来归附翟让。李密向翟让提出建议：席卷二京（长安、洛阳）、诛灭暴政。应先取荥阳，休兵馆谷，待士马肥充，然后与人争利。当时瓦岗军粮食供给不足，仅靠劫取隋廷漕运来维持军需。于是，翟让采纳李密的计谋，决定先取荥阳（郡治在今河南郑州），夺取粮仓，进一步发展壮大力量，然后再图进取。据此，翟让率军由瓦岗寨西进，相继攻占金堤关（今河南荥阳）和荥阳郡大部分县城，进逼荥阳城。荥阳是隋朝的重要军事据点。进军荥阳，是瓦岗寨发展的一个重要转折——此前，它只是偏于一隅，虽然实力较强，但并未对大隋政权构成多大威胁；此后，瓦岗寨成为杨广心头巨大的阴影，已经严重危及东都洛阳的安危了。

杨广遂任命有“常胜将军”之称的张须陀为荥阳通守，命其率精锐万余前往讨伐翟让。此前，翟让曾多次被张须陀击溃，他听说张须陀率兵来剿，非常恐惧，准备远远躲避。李密总结分析张须陀心态与作战特点后，对翟让说：须陀勇而无谋，兵又骤胜，既骄且狠，可一战而擒。公但列阵以待，保为公破之。翟让听后虽有茅塞顿开之感，但心存疑惧。当翟让不得不硬着头皮率领手下出击后，李密便另派千余骑兵埋伏于大海寺（今河南荥阳）北树林内，准备伏击张须陀部。

当年十一月十七日，张须陀军以方阵进击，翟让率主力接战后退，张须陀趁机追击，路越来越窄，树林越来越密，前行十余里至大海寺附近，正进入李密布置的埋伏圈。瓦岗军伏兵骤然杀出，翟让、李密与徐世勣、王伯当等人率军将隋军合围。张须陀被伏兵层层包围，阵形立刻大乱，翟让见状率部夹击，张须陀力战得以突围，但见部下无法脱身，便再次冲进包围圈营救，左冲右突来回如此四次，其部下皆败散。眼见自己全军覆灭，张须陀仰天长叹："兵败如此，何面见天子乎？"于是他下马与敌军交战，被翟让、李密等人斩杀。所部官兵尽夜号哭，数日不止。隋炀帝非常悲伤，追赠他为金紫光禄大夫、荥阳郡守。

瓦岗军在翟让率领下乘胜出击，一举拿下荥阳城。驻守荥阳的秦琼、罗士信等隋军将领率千余残部撤退。翟让派精兵七千人西进，攻克洛口仓。

大海寺之战影响深远。对于大隋而言，不仅痛失了一员得力大将，而且使"河南郡县为之丧气"，随后荥阳失守，损失惨重。而对于瓦岗军来说，前所未有的大胜使瓦岗寨声势大振；同时，翟让对李密愈加信服，并令其单独建军，号称“蒲山公营”。自此，李密在瓦岗军中的影响日益扩大，为后来的夺权埋下了伏笔。

大业十三年（617 年）二月，瓦岗军攻破兴洛仓（后改洛口仓），开仓赈济饥民。留守东都的越王杨侗急派刘长恭、裴仁基兵分两路，准备在兴洛仓东西合击瓦岗军。隋军来势汹汹，列阵十里。其实隋军的作战计划早已被翟让、李密获知。翟让、李密挑选精兵强将，共分十队，令其中四队埋伏在横岭（今河南巩义市东）下阻击裴仁基部，派另外六队列阵石子河东。刘长恭见瓦岗军人少，便生轻视之心。翟让先与隋军接战，正当双方胶着之时，李密率领大队人马横冲敌阵。隋军又饥又疲，阵形大乱，全线溃败。刘长恭所率的两万五千步骑，死伤殆尽，刘长恭本人则逃回东都洛阳；不久，瓦岗军又招降了裴仁基。翟让和李密收缴隋军逃弃的辎重器甲，声威大振。

同月，在徐世勣、王伯当等人的劝说下，翟让将瓦岗军的领导权移交李密，奉李密为“魏公”，李密则推翟让为上柱国、司徒、东郡公，设三司六卫，建立了瓦岗寨政权——“魏”。在李密的带领下，瓦岗寨势力进一步发展壮大，几乎控制了河南全境，人数也扩大至 20 余万。至此，瓦岗军成为河北、山东各路反隋叛军的盟主。

大业十三年（617 年）三四月间，瓦岗军进逼东都洛阳。此时，以瓦岗军为中坚，以窦建德、杜伏威为两翼的各路反隋大军，对大隋进行了毁灭性的打击。为了彻底推翻大隋政权，李密发表声讨杨广的著名檄文，其中的“罄南山之竹，书罪无穷；决东海之波，流恶难尽”这一名句揭露了杨广的罪行。这就是成语“罄竹难书”的由来。李密的这篇讨隋檄文一出，海内轰动，人人传阅，李密的声势如日中天。

同年六月，瓦岗军大败隋军，东都危急。七月，杨广诏令抽调“江淮劲卒”和“燕地精兵”驰援东都，涿郡留守薛世雄统率3万燕地精兵南下进攻瓦岗军，行至河间（今属河北），便在七里井驻扎，准备会合河间诸县之兵镇压窦建德。窦建德指挥部队从各城中撤出，向南转移；随后乘薛世雄防备松懈之机，选精兵数千人为伏兵，亲率敢死壮士280人夜袭。3万燕地精兵溃散，薛世雄带数十骑逃回涿郡。窦建德部又重新控制了河北的大部分地区。八月，瓦岗军占领黎阳仓，开仓赈济饥民，扩大起义队伍数十万人。

杨广又急令江都通守王世充率洛阳附近诸郡与东都留守的将士共十余万人，在洛水两岸同瓦岗军展开激战。结果，王世充屡战屡败，有些隋将则投降李密。此时，洛阳城内粮草严重缺乏，饿死了很多人。河北、山东、河南和江淮流域都已经纷纷被反隋势力占领。大隋的形势岌岌可危，其直接控制的范围越来越狭小。形势对瓦岗军极其有利。

正当瓦岗寨如日中天之际，瓦岗军内部矛盾激化了。大业十三年（617 年）十一月，李密设计杀害翟让等将领，导致瓦岗军严重分裂，极大地削弱了其战斗力。后来李密又重用隋朝降官降将，不爱惜士卒，致使部众逐渐离心。与此同时，李密始终不肯改变在洛阳城下与隋军主力长期鏖战的错误战略，所以瓦岗军一直没能取得决定性胜利。

大业十四年（618 年）六月，由于受到宇文化及威胁，李密率军投降了隋朝皇泰帝杨侗，后又降唐。再到后来又因起兵反唐而被杀，从此葬送了这支农民军。

群雄并起，逐鹿中原

大业十三年（617 年），大隋帝国风雨飘摇，面临着土崩瓦解的危机。各地反隋势力，逐渐由最初的分散、割据状态向着整合、集中的趋势发展。由此前的各自为战状态的最终形成为河南李密领导的瓦岗军、窦建德领导的河北义军及杜伏威领导的江淮义军等三支实力最强的反隋势力。这些力量，基本上都是自大业七年（611 年）绵延发展到最后形成的，以流民、灾民和变民为主的反隋势力。

与前述造反者相比，大业十三年（617 年）另外兴起了一波新的反隋势力，他们分别起兵于河东、陇西、河西、江南等地区，并迅速建立起自己的割据政权，这些人包括刘武周、梁师都、郭子和、薛举、王世充、李轨、萧铣、宇文化及……当然，还有一股不可忽视的势力——李渊父子。而且，最终由李渊父子取得了天下！

这是隋帝国反叛浪潮中的第二波力量。与此前的那些变民势力相比，第二波力量来势更猛，威胁也更巨大。他们的号召力与影响力也更为卓著，因为他们的身份和地位要远远超越那些变民！这些人的一个共同点，就是身处帝国上层的军官、富豪、贵族，或是前朝后裔。这些人造反的目的，并不是为了向朝廷争取生存权，而是为了向杨广争夺最高统治权！所以一旦起兵，他们便会迫不及待地分疆裂土、称帝称皇，向大隋政权的统治合法性发起严峻的挑战和猛烈的攻击……

刘武周，马邑人（今山西朔州），少年时“骁勇善射，交通豪侠”，其后因为忍受不了家中严厉的管束而遂离家出走，到东都洛阳后投奔在太仆杨义臣的帐下。其后随军东征高句丽，因为立下军功而授建节校尉之职。刘武周衣锦还乡后，调任马邑鹰扬府校尉，时任马邑郡太守的王仁恭视其为英雄豪杰，对他大为赏识，任命刘武周担任自己的亲兵队长。不久，刘武周设计起事，刺杀王仁恭，并开仓赈粮、传檄全郡，迅速纠集了一万多名部众。刘武周自起兵反隋后，自任太守，并派遣使者向东突厥表示臣服，投靠东突厥。

大业十三年（617年）三月中旬，刘武周率部攻占了楼烦郡（今山西静乐），并袭取汾阳行宫，将宫中的隋朝宫女悉数抓捕然后献给了东突厥。始毕可汗随即赠给刘武周一批战马作为回报。刘武周自此势力大振，并很快又攻占了定襄郡（今山西忻州）。几天后，刘武周自立称帝，改元天兴。

梁师都，夏州朔方人（今陕西横山），世代为郡中豪族。梁师都曾在隋军中担任鹰扬郎将。大业十三年（617 年）春，梁师都率数十名徒众刺杀郡丞唐世宗，据郡而反，并自称大丞相，同样也向东突厥臣服。隋将张世隆曾率兵讨伐，却被梁师都打败。不久，梁师都率部接连攻陷雕阴郡（今陕西绥德）、弘化郡（今甘肃庆阳）和延安郡（今陕西延安）。拥有一定的地盘，又有突厥人的帮衬，梁师都遂于该年三月登基称帝，国号为梁，定都朔方，改元永隆。

薛举，河东汾阴人，早年随其父徙居金城（今甘肃兰州）。《旧唐书》等记载称其“容貌魁伟，凶悍善射，骁武绝伦，家产巨万”，并结交众多豪杰，“雄于边朔”。大业末，陇西（陇山以西）一带百姓饥馁、叛乱蜂起。金城令郝瑗征召数千名士兵，命校尉薛举率领，负责讨伐地方叛乱。大业十三年（617 年）四月三日，郝瑗为薛举举行了隆重的出征仪式，大摆筵宴。薛举就与其子薛仁杲及 13 个党羽在出征仪式上突然发难，将郝瑗抓捕，随后发兵将郡县官吏全部收监，并向灾民开仓赈粮。起事之后，薛举自称西秦霸王，改元秦兴，封长子薛仁杲为齐公、次子薛仁越为晋公，同时招揽四方变民，剽掠官府战马，势力迅速壮大。

同年夏，薛举亲自带领两千精锐袭击枹罕郡（今甘肃临夏），大败隋军，并一举攻克枹罕。此时，拥兵两万据守岷山（今甘肃舟曲）的羌人部落酋长钟利俗，见薛举势大，便率部归附薛举。薛举士气大振，遂晋封薛仁杲为齐王，授东道行军元帅，封薛仁越为晋王，授河州（枹罕改河州）刺史，随后攻城略地，所向披靡，连克西平（今青海乐都）、浇河（今青海贵德）二郡，数日间尽有陇西之地，手下兵马增至 13 万人。

大业十三年（617 年）七月，薛举登基称帝，同时建立宗庙社稷。

萧铣，后梁宣帝曾孙，杨广萧皇后内侄。其祖父萧岩是后梁明帝萧岿之弟，隋文帝开皇初年，萧岩叛隋降陈，隋灭陈被杀。此后，萧家势力衰败，至萧铣家境已十分贫寒。直到杨广登基，太子妃萧氏册立为皇后，萧铣才依靠外戚的身份被任命为罗川（今湖南湘阴）县令。

大业十三年（617 年），萧铣在一批巴陵郡（今湖南岳阳）少壮军官（如董景珍、雷世猛等人）拥戴下起兵反隋。早就心存复辟梁朝的萧铣很快募集到了数千名士兵，自称梁公，同时建立梁朝旗帜。远近变民纷纷来附，部众达数万。随后，萧铣在巴陵筑坛告天，自称梁王；次年（618 年）四月，萧铣称帝，国号为梁，改元凤鸣，同时设置文武百官，一切典章制度全部依照梁朝旧制。

……

大业十三年（617 年），大隋帝国已经乾坤倒转、风雨飘摇，末世的味道越来越浓烈。当此乱世之际，各地反隋势力在帝国疆土上争先恐后地竞逐，或求自保，或求壮大，或求兼并天下。很显然，相比于之前只为自保的变民势力，第二波反隋势力给大隋带来的破坏性更为强烈，这些原本就已掌握了一定的经济政治资源并拥有相当军事实力的权贵们，他们对于大隋帝国的破坏性远非前期的那些变民所能比拟。《隋书》对此评价十分中肯：彼山东之群盗，多出厮役之中，无尺土之资，十家之产，岂有陈涉亡秦之志，张角乱汉之谋哉！皆苦于上欲无厌，下不堪命，饥寒交切，救死萑蒲。莫识旌旗什伍之容，安知行师用兵之势？！但人自为战，众怒难犯，故攻无完城，野无横阵，星罗棋布，以千百数。豪杰因其机以动之，乘其势而用之，虽有勇敢之士，明智之将，连踵复没，莫之能御。

自大业七年到大业十二年（611—616 年），各地变民的反隋暴动，虽然声势日隆、风起云涌，但充其量不过是拉开隋帝国灭亡的序幕而已。杨玄感反隋叛乱，才是真正意义上正式拉响了大隋覆亡警报的大事件。从大业十三年（617 年）开始大规模的贵族与精英们的反隋叛乱，像是从四面八方射出的利箭，不约而同地飞向了同一个政治标靶——夺取皇帝的宝座，这一帝国最高统治权。如此众多的贵族精英加入反隋洪流中，令隋政权在政治上几乎瞬间便丧失了号召力，并且在军事上面临越来越严酷的威胁。

从此时开始，驻扎在各地的、仍效忠于帝国皇帝杨广的政府军只能在多条战线上各自为战，根本无法再像当初镇压杨玄感时那般迅速地聚焦起优势力量，应对乱局。

面对各地的割据政权与凶悍的军事威胁，帝国大军只能由攻势转入战略防御，只求确保所辖郡县的一时之安，再也没有实施大规模围剿和有效反攻的能力。

杨广的皇位危如累卵……

各地豪强前仆后继，纷纷加入这场饕餮盛宴中。当时的大隋天下，群雄并峙，谁也没有意识到，一个蛰伏已久的、命中注定要成就一番大事业的人，已经蠢蠢欲动了。只待时机成熟，便要一鸣惊人、问鼎帝位！此人，便是后来创建大唐不世功业的李渊。当然，还有他的儿子李世民。

大业十三年五月，在耐心蛰伏数载、冷静分析天下大势之后，李渊父子终于决定出手了！

第四节 父子同心，其利断金

今天的山西太原，古称晋阳，别称并州，亦称龙城。晋阳位于太原盆地北端，自古乃兵家必争之地。晋阳，因李渊父子起兵于此，而被后世誉为“龙兴之地”。

在隋炀帝治下，帝国暴政导致的混乱愈演愈烈，一方面农民暴动风起云涌，一方面统治集团内部不断发生大分裂，各地大大小小的武装势力在全国各地星罗棋布。在此背景下，大业十一年（615 年）李渊受命为山西河东慰抚大使，不久又拜太原留守，以北镇突厥，并镇压今山西省境内的农民起义。当此之时，大隋帝国已呈土崩瓦解之势。李渊、李世民父子乘势在晋阳起兵，不断扩充实力，在群雄并起的局势下逐渐得势，最终代隋而起，建立起为后世所称道的大唐帝国。

李渊父子

李渊（566—635 年），字叔德，唐朝开国皇帝。李渊先祖是十六国时期西凉的开国君主李暠，世代显赫；祖父李虎，北朝西魏时官至太尉，是西魏八柱国之一；其父李昞，北周时历官御史大夫、安州总管、柱国大将军，袭封唐国公。北周天和元年（566年），李渊出生在长安，七岁时因父去世而袭封为唐国公。隋文帝开皇年间，因姻亲关系而受到文帝独孤皇后的喜爱，历任谯、陇、岐三州刺史。隋炀帝即位后，李渊又历任荥阳（今河南郑州）、楼烦（今山西静乐）二郡太守，后被炀帝征为殿内少监，又升卫尉少卿。大业十一年（615年），李渊拜山西河东慰抚大使；大业十三年（617年），又拜太原留守、晋阳宫监，成为晋阳地区最高军政长官。这样，晋阳成为李渊父子起兵反隋、登顶大位的根据地。

李渊不仅出身显赫，而且品貌出众。先说品性——据《旧唐书》记载，李渊"倜傥豁达，任性真率，宽仁容众，无贵贱咸得其欢心"。

说完"品"，再说"貌"。李渊体貌上也有过人之处，这在当时就广为流传。从长相上看，李渊最突出的地方，在他的额头与眉骨之间。在世俗的相术当中，通常把这个部位与一个人早年和中年的经历相联系。如《旧唐书》就记载，当时有一个名叫史世良的相士，善于相面，对李渊说："公骨法非常，必为人主，愿自爱，勿忘鄙言。"李渊对此也十分自傲。

类似的情节在宋代编定的《太平御览》中也有记载：在李渊担任殿内少监时，结识了弘农华阴（今陕西华阴）人郭弘道。郭弘道为人性情宽厚，外表愚钝而内心聪敏，精通相术。隋炀帝时郭弘道担任尚食奉御，负责宫廷饮食。因为同在宫廷任职，随着交往日深，李渊与郭弘道逐渐成为好朋友。郭弘道曾私下里给李渊相面，认为他骨相非常：天庭伏犀，下接于眉，此非人臣之相，愿深自爱。李渊听了郭弘道的这番话非常高兴。

同样神异的故事也发生在李世民身上。据宋祈、欧阳修等修撰的《新唐书》记载，某日有一位书生主动前来拜会，称李渊天生就是贵人之相，而且命中当有贵子；而在书生看到当时只有四岁的李世民之后，惊叹地称其相貌如“龙凤之姿，天日之表”，将来必定能够济世安民。当书生离开李府后，李渊越琢磨越觉得事有蹊跷，甚至有些害怕起来。李渊担心这个书生居心叵测，如果真把这类言论宣扬出去，很可能会给李家带来灾难，便赶紧派人出去追杀书生。但是那个书生却不见踪影，好像从来没在这个世界上出现过似的。大家都觉得书生应该是天神下凡来为自己指点迷津的，随后便采用书生“济世安民”的说法，为二儿子取名“世民”。这一故事在《旧唐书》中亦有类似记载。历史的记述往往过于精简，对于前述故事中的书生，本身就极富传奇色彩；而这种神秘性，更进一步衬托出李世民人生的神异性。

缔结良缘

大业九年（613 年），不过是大隋帝国一个普通的年份，虽然也有一些不寻常的大事发生，但并不具有史诗性的影响力。但是，这一年对于年轻的李世民来说，却是一个具有非凡意义的年份。

因为，这一年发生了许多影响深远的事件——

第一，隋炀帝第二次征伐高句丽。在此次远征中，自己的父亲李渊终于在仕途上有了新的发展，不再像以前那样只是在地方上任官，一跃成为这场远征战事的后勤官之一，并逐渐接近于帝国的权力核心圈。

第二，隋炀帝第二次征伐高句丽失败了，在天下已经盗贼蜂起的背景下，“深受皇恩”的杨玄感竟然狠狠造了炀帝的反。李渊在杨玄感的叛乱中开始逐渐掌握了重要的兵权，根据李渊自己的说法，这主要得益于自己听取了窦夫人的话，而成功的秘诀在于使出浑身解数大拍皇上的马屁。李渊和当今皇帝杨广的母亲乃是一奶同胞的亲姊妹，因此杨、李二人在国为君臣，在家那是亲（姨）表兄弟。对于自己表弟的性情，李渊可谓知之甚深，针对皇上好面子的特点，李渊听从窦夫人的建议，向炀帝敬献了许多鹰犬和良马，炀帝特别开心，遂提拔李渊。

第三，对于李世民个人而言也是最重要的一条，他结婚了。

前面两条，对于当时的李世民而言，或许有着一定的影响，但结婚对于他来说则意义更加非凡。不仅是他人生中的终身大事，也在今后的几十年间深刻地影响着整个帝国的政治和社会。

有人或许会说，李世民的这场婚礼称为“世纪婚礼”，似乎有些言过其实？如果我们的眼光只是放在大业九年这一时间点上，很多人一定会觉得它确实有夸大其词的嫌疑。但是，如果我们把时间拉长到整个隋唐时期来看，那么它实在是实至名归的世纪婚礼。不说李世民后来开创贞观之治的盛世及长孙氏在贞观年间的母仪天下的威仪，单说李世民当时即少年才俊，声名鹊起，再加上李家与长孙家两大世家都是关陇豪族，因此两人的婚姻即是强强联合。

李世民所迎娶的是故右骁卫大将军长孙晟的小女儿，她的哥哥就是后来贞观年间著名的宰相长孙无忌，也是太宗的左膀右臂。结婚这一年，长孙姑娘虚岁 13，她的丈夫即李世民当时虚岁 16。

在这场盛事中，有几个关键人物在其中扮演了月老的角色。第一个关键人物是长孙无忌。根据相关史料，可知长孙氏的同胞哥哥长孙无忌，“少与太宗友善”。这种友善关系，对于两家联姻，应该是有一定关联的，只是限于史书的记载语焉不详，到底二人如何友善我们固然无从得知，就连他们俩相识的时间到底是在两家联姻前还是联姻后也很模糊。根据相关史料进行推测的话，李世民和长孙无忌成为好友，确实应该是在两家正式联姻之前。

当然，相对于两大世家而言，小辈之间的情谊固然可以在一定程度上促成这场联姻的实现，但还不足以起到决定性的影响。这场“世纪婚礼”的最终实现，应归功于长孙兄妹的伯父长孙炽。按照史书的记载来看，长孙炽应该是最先提出联姻的关键人物。

作为北魏皇族拓跋氏的一脉，长孙氏也是关陇世家中的名门望族。整个北朝后期，长孙家族可谓显要迭出、贵盛无比；隋文帝代周后，长孙兄妹的父亲长孙晟作为长孙家族新一辈里的传奇人物，战功卓著，曾成功地分化、瓦解了北方突厥人对大隋帝国的威胁，因此受封右骁卫大将军。但是在长孙无忌兄妹年纪很小的时候，其父长孙晟便因年老而病逝。长孙无忌兄妹是他的后妻高氏所生，也是长孙晟最小的一双儿女。长孙晟在世时，其兄长孙炽曾在聊天时，和他提到唐国公李渊时说，其夫人窦氏是一个十分美丽且聪明睿智的女子，史书上记载长孙炽说窦夫人“此明睿人，必有奇子”云云，并极力地规劝弟弟要想法子和李家联姻。当然，长孙炽在和弟弟说这话的时候，未必就是特指李世民与长孙晟的幼女。即便按长孙炽的意思，当时长孙晟立刻就去和李渊提亲，两家所讨论的意向也未必就能即刻落实下来。

影响这场婚事的第三位关键人物是长孙氏的舅舅高俭。高俭所在的高氏家族也曾显赫一时，乃是曾经的北齐宗室。北齐亡国后，一部分宗室被杀，另一部分则投降了北周。在投降的高姓家族中，高俭兄妹便在其中。高俭，字士廉，据说长得一表人才，“面貌如画”，因家族身份敏感，所以年轻时隐居在终南山，整日在家闭门读书，不问世事。后经朋友劝说，高俭参加大隋的科举考试，并取得了第一等的好成绩。高俭有一个妹妹，嫁给长孙晟为继室，并育有一子一女，即长孙无忌兄妹。后来，因长孙晟过世而使得长孙无忌兄妹与其母高氏被迫寄居于其舅高俭家中。这时候，为这场世纪婚礼最后拍板的，就是高俭。或许是因为外甥长孙无忌与李世民交好而对李家二公子颇为了解，或许是李世民早就名声在外，再加上李世民与长孙氏两人的家世地位本来就很相近，其父母也有过来往和婚姻意向，所以高俭于情于理都对这门婚事是极力促成的。

虽然这场婚礼具备了大婚的气魄与影响力，但是有关这场世纪婚礼的具体细节，史书上却并无详细的记述。不得不说，这是一个令人遗憾的事情。但是不妨猜测一下，当时的盛况一定会引起不小的轰动！长孙氏虽然年纪尚小，但个性温婉柔和，而且很善于察言观色。由于父亲长孙晟的身故和母亲在长孙家族中所遭受的排挤，在她的心中一定造成了很大的冲击，因此也要比同龄的女孩子早熟得多。这也养成了长孙氏爱好读书而见识不凡的品性，史书中记载长孙氏甚至在梳妆打扮时都会手不释卷。相信李世民对于自己的这位妻子一定是相当满意的，而后来的历史也充分证明了这一点。李世民在贞观年间的很多事务上，都会受到长孙皇后的协助。在《新唐书》中，对李世民夫妇的相处之道有着这样的记载：每每在李世民发怒要责罚左右之人时，长孙皇后就会顺势做出很生气的样子，将人带走，宣称一定要严加处罚。等到李世民气消之后，长孙皇后再慢慢和他分析前因后果，而使左右不会平白受冤或惩罚过重。从这些细节中可以看到长孙氏的温婉与聪慧。长孙氏不仅贤淑，而且非常善于审时度势，这也是她能获得千古贤后之名的重要原因。

从我们所掌握的有关李世民的个人喜好来看，他所钟爱的女子，温婉而不失坚强骄傲、聪明而多才多艺，长孙氏可以说正是这些性格和特点的一个典型。因此，对于李世民、对于长孙氏，以及对于日后的大唐帝国而言，这场婚礼都是名副其实的“世纪婚礼”。

晋阳起兵

大业十三年（617 年），这一年中国历史上最大的事件莫过于李渊父子“晋阳起兵”。正所谓父子同心，其利断金。李渊、李世民父子自晋阳起兵开始，参与到最高权力的角逐中，一路高歌猛进，势如破竹，并最终取隋而代之，开创了近 300 年的大唐盛世。因此，晋阳起兵就像一记劈裂天空的绚丽闪电，一举刺破大隋帝国的茫茫黑夜；又像是一道穿越浓云的熠熠曙光，瞬间照亮了大唐皇朝的清晨。这一令天地变色、令历史改弦更张的大事件，能够适逢其会、参与其中的人们，注定了必然会名垂青史。参与起兵的这些人，事实上后来都成为大唐历史上赫赫有名的开国功臣：裴寂、刘文静、长孙顺德、刘弘基、唐俭、柴绍、殷开山、刘政会、温大雅、武士彟……这些人构成了晋阳起兵的骨干力量，正是有了他们的策划、推动和参与，大唐帝国才能够在群雄角逐中最终胜出。

当然，上述人物在晋阳起兵时确实发挥了巨大的作用，但归根结底，李渊父子才是晋阳起兵的主角。那么，在晋阳起兵过程中，作为主角的李渊父子，到底谁才是主角中的“主角”？谁才是“首谋之人”？谁才是这次起兵真正的灵魂人物？谁才是大唐300年基业当之无愧的开创者？是身为父亲的李渊还是身为次子的李世民？对这一问题，历代官修正史都异口同声地说是李世民！后晋刘昫等修撰的《旧唐书》、北宋欧阳修等修撰的《新唐书》及北宋司马光主编的《资治通鉴》都斩钉截铁地断言，晋阳起兵是李世民的计谋；唐高祖之所以能坐上皇帝之位，功劳皆归唐太宗李世民。

那么，历史的真相到底是什么呢？这一切果真都是李世民的功劳吗？李世民真的是晋阳起兵主角中的主角吗？答案是显而易见的，真正的灵魂人物是李渊，而非李世民。通过近年来诸多中外学者对相关史料的重新研究，晋阳起兵的真相已经得到了澄清。英国学者崔瑞德等主编的《剑桥中国隋唐史》认为：“有些重要情况可能是在唐太宗统治时期因太宗本人的坚持而编造出来的。”国内学者赵克尧、许道勋的《唐太宗传》对这一问题也得出了如下结论：“由于官修史籍的不真实，晋阳起兵的内幕几乎被掩盖了。突出地颂扬李世民，而其他人则黯然失色，或者被埋没，或者被歪曲。……同时，旧史籍里还塞进了一些虚构的情节，渲染李渊的荒淫无能，以衬托李世民的功德兼隆。”

黄永年先生在《唐史十二讲》中指出，李渊此人雄才大略，读太原起兵时记室参军温大雅所记《大唐创业起居注》可知。从隋大业十三年太原起兵到武德九年玄武门之变以前，李渊一直是最高决策者和全局指挥者。……只因玄武门之变后李渊的政权为李世民所夺取……贞观朝纂修《高祖实录》就把太原起兵说成李世民所主谋，统一天下也几乎全是李世民的功劳，李渊被诬为坐享其成。

无数事实已经充分证明，李渊才是晋阳起兵的最终决策者和灵魂人物。据王觉仁先生《血腥的盛唐》的考证，早在大业九年（613 年），李渊其实就有了起兵叛隋、建立帝业的念头，所以他才会在涿郡与杨广近臣宇文士及进行密谋，只是后来由于时机尚未成熟暂时隐忍而计划搁浅。大业十二年（616 年），当李渊以安抚大使的身份进驻太原并拥有黜陟选补太原郡文武官、征发河东兵马的特权时，“私喜此行，以为天授”。

大业十三年（617 年）三月，李渊因刘武周起事而遭到兵败及免职处分。隋炀帝闻讯后龙颜大怒，要提李渊到江都治罪。此时的李渊已经下定了起兵的决心，之所以没有发动，只是因为李建成和李元吉尚在河东，李渊投鼠忌器而已。据唐初温大雅的《大唐创业起居注》中记载，在此危急情势下，李渊对二子李世民说：隋历将尽，吾家继膺符命，不早起兵者，顾尔兄弟未集耳。今遭羑里之厄（意指遭受囚禁），尔昆季须会盟津之师，不得同受孥戮，家破身亡，为英雄所笑。

由上可知，李渊之所以迟迟不动手，并非优柔寡断，而是因为条件尚未成熟。所以当隋炀帝又赦免他时，李渊便对李世民说："当见机而作！"随后立即行动起来，命李建成"于河东潜结英俊"，命李世民"于晋阳密招豪友"，积极建立起义的核心力量。此时，李渊身边的心腹裴寂、刘文静、许世绪、武士擭等纷纷劝他起兵，李渊最终下定了反隋的决心。于是，李渊借口防备刘武周和突厥南下，派李世民、刘文静、长孙顺德、刘弘基等人到各地募兵，十来天就募集到数千人。随后，李渊派人往河东召回其子李建成和李元吉。

隋炀帝的亲信、负责监视李渊的太原副留守王威和高君雅，见李渊在大规模招兵买马，怀疑其有异心，便密谋将李渊父子骗到晋祠祈雨，先下手为强，以除掉李氏，向隋炀帝邀功请赏。不料，他们的密谋被晋阳乡长刘世龙获悉，并告知了李渊。五月十五日，李渊、李世民先发制人，指使开阳府司马刘政会告发王威、高君雅二人暗中勾结突厥，引突厥入寇中原，借此将二人囚禁。二日后，恰巧有数万突厥军队进犯晋阳，这给了李渊绝佳的借口，他立刻名正言顺地派人将王威、高君雅二人斩首。与此同时，李渊又在晋阳摆下空城计，"开诸城门"，吓退来犯的突厥大军。

至此，所有准备工作全部就绪，所有障碍也已全部扫除。与此同时，李建成、李元吉、柴绍等人也正在马不停蹄地向太原赶来。

李渊再也没有顾虑了，晋阳起兵的历史大幕轰然拉开……

第一，李渊听从刘文静等人的建议，制定了“乘虚入关，号令天下”的战略。此时，天下群雄并起，大隋基业已经风雨飘摇，帝国的崩溃只是时间问题了。但当时的许多起事者并无大的志向，或只图据地自保，或是瞻前顾后、犹豫不决。李渊的起兵战略，以西入关中夺取长安为军事目标，以开创帝业、最终取代隋为政治目标。在实现这一目标的过程中，又强调以“废皇帝（这是指隋炀帝）而立代王”为策略。

第二，积极募集兵士，扩充地盘。李渊起事后，让部下开仓赈济贫民，公开募兵。据《大唐创业起居注》记载，李渊晋阳起兵后每天都会有千余人来投军，“二旬之间，得众数万”。

第三，和北方的突厥人结好。隋末，东突厥汗国崛起，势力强大。李渊深知以太原为根据地起兵南下，必须处理好与北方突厥人的关系。否则突厥包抄后路，后果不堪设想。李渊在出任太原留守时，曾对李世民说：“……突厥不和，无以经邦济时也。”李渊用空城计吓退突厥兵后，便立即亲自给突厥始毕可汗写信，道：我今大举义兵，欲宁天下，远迎主上（这是指隋炀帝）还，共突厥和亲。……若能从我，不侵百姓，征伐所得，子女玉帛，皆可汗有之。在题封部分，李渊自署称“启”，以表示对始毕可汗是非常恭敬的。始毕可汗得书后大喜，但坚持要李渊称臣于突厥；李渊为免突厥包抄后路之患，只得勉强答应。李渊父子起兵南下之前，始毕可汗送来战马千匹；南下至龙门时，突厥又派 500 人、2000 匹马赶来助战。突厥人、马的补充，使李渊的骑兵力量大大增强。

第四，与李密的瓦岗军达成和议。晋阳起兵后，为了避免李密的瓦岗军成为自己进兵关中的掣肘，李渊令温大雅带着自己的亲笔信去见李密，在书信中李渊一面极力吹捧李密，说李密乃是当今天下大乱之际唯一能宁世安民的英雄，表示对李密由衷的拥戴；一面又自贬身份，剖白自己胸无大志，无意天下社稷，从而使李密放松了对自己的警惕防范。

大业十三年（617 年）六月初五这一天，李渊在晋阳设起义堂（亦称号令堂），将军队分为三军，统称“义士”。裴寂等尊称李渊为“大将军”。十四日，李渊在晋阳建大将军府，以长子李建成为陇西公、左领军大都督，统率左军；以次子李世民为敦煌公、右领军大都督，统率右军；以四子李元吉为姑臧公，统率中军；以裴寂为大将军府长史，刘文静为司马，殷开山为掾，刘政会为属，长孙顺德、王长谐、刘弘基、窦琮为左右统军、副统军；并下令晋阳开仓放粮。大唐帝国隆隆雷声，在晋阳骤然震响，这号角，这铁流，奔腾向关中的长安城！

晋阳起兵，可以说是大隋帝国命运的转折点。在这场具有史诗意义的重大性事件中，李渊和李世民父子同心协力，共同筹划，奠定了大唐帝国近 300 年的基业。在正史的记述中，夸大了李世民在这场大事件中的历史作用，而有意隐去了李渊的核心地位；但我们在还原历史真相、肯定李渊的同时，也不宜矫枉过正，有意无意地贬斥李世民。事实上，在整个事件中，从“密招豪友”、建立核心力量，到募集义兵、组建军队，再到“伏兵晋阳宫”、控制王威和高君雅，李世民在整个晋阳起兵过程中的作为都具有举足轻重的影响。起码，相对于来不及参加晋阳起兵的李建成和李元吉兄弟俩来说，李世民的首义之功就是他们无法比拟的。此外，李世民所表现出的年轻人特有的锐意进取的精神也恰好与李渊老成持重、顾全大局的性格形成一种微妙的互补。

王夫之《读通鉴论·卷二十》中指出，李世民“勇于有为”，李渊则是“坚忍自持”。因此，在一定程度上，正是由于李渊父子在起兵叛隋、开创帝国大业的进程中既能保持战略思想上的一致，又有性格和行为方式上的差异性互补，才能确保晋阳起兵的成功，并在群雄并起的隋末得以迅速崛起，最终开创出大唐帝国的伟业。

第五章

大隋成坏

大业十三年（617 年）开始，大隋帝国进入最后的黄昏。落日的余晖，铺洒在血色的大地上，那是黎民百姓的鲜血与灾难浸染的土地，那是由盛世到末世骤然转换间生灵涂炭的写照。帝国的黄昏，没有丝毫的美感，只有一轮血色残阳，闪烁着幽冷的光芒，向天下人无言地诉说着什么……

对于雄才大略的杨广而言，曾经的万丈雄心，曾经的豪迈气概，曾经的宏图大业……一切的一切，在大业十三年（617 年）都如绚烂的泡沫一般瞬间破灭了。一向追求完美主义的帝国皇帝，面对着自己支离破碎的江山，痛心疾首，万念俱灰。既然无法轰轰烈烈铸就大业，那么就醉生梦死地享受人生吧！在人生的最后时刻，杨广放下了一切，尽情地欢愉、享乐。他似乎要把之前十多年未能享受的大好时光全部都重新来过，于是，杨广的罪状中便又多了若干纵情声色、淫乱宫闱的恶行。

大业十四年，即公元 618 年，是大隋帝国寿终正寝的时刻，也是杨广的人生走向终点的时刻。江都，曾经是杨广大业梦想启程的地方，也是杨广一生最钟爱的地方，最终也成了他的梦断之地。杨广死了，在惶恐、惊惧、伤感、无助、懊悔、愤懑……真可谓世事无常。杨广内心五味杂陈，却又不知从何说起。

大隋成坏，一切皆空。

第一节 杨广之殇，魂断江都

……杨广并不是一个合格的政治家，当然更谈不上是一个称职的统治者。他身上强烈的诗人气质和虚荣天性严重障蔽了他的政治理性，他对完美的病态追求和毫无节制的浪漫主义激情让他的执政生涯始终贯穿着“浮华”二字。或许是在江都任总管的十年让他过多地熏染了浮靡绮丽的江南文化，或许是他的天性原本就与之正相契合，总之，与其说杨广是一个政治家，还不如说他是一个“政治美学家”。而当一个帝王的人格特征与他的职业要求严重倒错，甚至是完全背离时，就注定他只能成为一个蹩脚的统治者。此外，杨广那种恃才傲物、好大喜功的一贯秉性又导致了一种“致命的自负”，使他在逆境中的坚韧性和抗挫折能力几乎为零。所有这一切共同驱使他最终走上了失败和灭亡的道路。（王者觉仁《大唐帝国的兴亡——一个巅峰王朝的全景史诗》）

大业十二年（616 年），对于身在洛阳的大隋皇帝杨广来说，一个接一个的坏消息，不断破坏着自己的心情。虽然他一直相信宠臣宇文述的话——天下无贼，但毕竟苏威的话也不是完全没有道理！各地并不太平，看来是不争的事实，他也只有自欺欺人地相信“无贼”，聪明如杨广，一定不会完全被佞臣所欺骗的，他这是在自我麻醉而已。

对于完美主义者杨广而言，帝国形势越来越糟糕，他自身的性格弱点也越来越让他寝食难安。实际上，自大业八年（612 年）开始，杨广就患上了严重的神经衰弱症，经常会在梦中惊醒，满头大汗地一整夜再也无法入眠。面对整个帝国的乱局，杨广越来越暴躁，越来越觉得周边的那些贵族对自己虎视眈眈。尤其令他不安的是，长安、洛阳二京变得越来越令他陌生。他时常会梦到自己年轻时驻守江都时的意气风发、纵横驰骋场景，这令他也更加渴望能再次南巡江都。毕竟，距离他第二次巡幸江都已经过去了四年之久。杨广的第三次巡幸江都，既是他人生中最后一次远行，也是他走向生命终点的选择。江都，这个杨广终身魂牵梦萦的美丽城市，是他灵魂的港湾，是他人生的归宿。所以，杨广希望能够在江都卸下他的疲惫、抚平他的创伤、疗愈他的恐惧。

但在一年半后，江都却成了杨广的梦魇之地。大隋帝国最终走向了覆灭。

三巡江都，风雨飘摇

大业十二年（616 年）这半年来，杨广在东都整日无法平静，一个接一个的消息传来。不过，盛夏刚刚过去，终于传来了一个好消息。当初被杨玄感叛乱烧毁的龙舟全部再造完成。与之前的第一代龙舟相比，其规模更为庞大，装饰更为奢华。在平定杨玄感叛乱后，杨广便命人重新修造新一代龙舟。如今，龙舟既已建好，那么，为了取悦天子，宇文述再次发挥他作为杨广心腹兼知己的作用，建议杨广到江南去散散心。同年七月，初秋的东都，烈日炎炎，天子出巡的队伍开始集结，准备择日开拔。

临行之际，后宫妃嫔们有些恋恋不舍。从大业十一年（615年）十月初到十二年（616年）七月初，难得皇帝能在长达九个月之久的时间内安安稳稳待在东都。现在天子居然又要南巡江都，妃嫔们泪眼注视着天子，杨广见状心中亦生起些许的动摇，但最终还是狠狠心，和后妃们以诗作别："我梦江都好，征辽亦偶然。但存颜色在，离别只今年。"用一句"但存颜色在"把杨广内心的所思所想，直接化为诗句，赠予佳人，这份率真、坦荡，千古流芳。杨广一生，少时平陈，豪情万丈；坐镇江都十年，习江南方言，娶江南女子为妻，与江南文士纵论诗文；成为大隋天子后，三下江都，对江南的喜爱可谓发自肺腑。哪怕最后他客死江都，亦不曾悔恨：但求死看扬州月，不怨生归驾九龙。

大业十二年（616年）七月初十日，告别了东都，杨广毅然决然地踏上龙舟，以完成他第三次巡幸江都的人生宿命。此次南巡江都，规模仍然庞大。

杨广诏令自己的孙子、越王杨侗留守洛阳；另一个孙子、代王杨侑驻守京师长安。他自己带着众多大臣、美女、僧道，以及主要由关中子弟组成的骁果军等，浩浩荡荡开赴江都。在临别时的那一瞬间，杨广回头深深地望了一眼东都，这座浩大的城池曾是自己心血浇灌的硕果之一，是构成自己不世“大业”的重要基石，现在却要再次离开，心中难免生出了一些怅然若失的感觉。杨广当时并不知道，这是他一生中所看洛阳的最后一眼。

——挥手自兹去，萧萧班马鸣。或许那份萦绕在杨广心头的怅然，正是冥冥之中的一种预感？

自从杨广再次决定巡幸江都，就不断有正直的官员进行劝谏，想阻止天子的“任性妄为”。右候卫大将军赵才是第一个站出来劝谏的：今百姓疲劳，国库空虚，盗贼蜂起，政令不行，愿陛下早回西京，安抚万民！对于杨广，谁提“盗贼蜂起”，谁就是故意给自己难堪，无论是出于何种好意，无论是谁！因此，杨广毫不犹豫地将赵才投进了监狱。赵才无疑是幸运的，第二个劝谏者建节尉任宗的结局则要惨得多，在当场就被乱棍打死。杨广南巡的龙舟刚刚驶出东都的建国门，第三个不怕死的劝谏者再次义无反顾地站了出来，是一个从九品的奉信郎，名叫崔民象，他向天子奉上谏书。当杨广在看到谏书开头的第一句“今盗贼充斥……”后，二话不说，立即下令斩杀。

南巡的龙舟在骁果军的护卫下，沿着大运河一路向南，其间走走停停。沿途杨广不断听到各地奏报，江淮一带的反贼李子通、左才相和杜伏威各自率军数万，纵横江淮之间，所向披靡，无人可敌。至此，杨广才得知天下已经大乱的真相，帝国真的已经风雨飘摇了。但是，现在的杨广已经对这些反叛的盗贼没了兴趣，他只想能尽早地到达梦想之地江都去。对于那些诸如李子通、左才相及杜伏威等盗贼，杨广只是派了老将陈稜前去镇压。陈稜出身将门之家，几代先祖都是军事高官，在军事作战方面有相当的造诣，对付只有十几万人的江淮盗贼绰绰有余。陈稜率政府军剿灭盗贼的斗争十分顺利，几个回合下来，便将盗贼杀得落荒而逃。但是，非常不幸的是，大隋已经天下大乱、风雨飘摇，并非只有江淮这三个反贼。陈稜再英勇再能战，也不过是在江淮一带左支右绌，勉强应付。最终，杜伏威渐渐势大，成为隋末三大反隋变民势力之一。

龙舟到达汜水（又称“雄镇”，今属河南荥阳）时，又一个名叫王爱仁的九品奉信郎再次劝谏天子停止南巡、西返长安。杨广不胜其烦，命人将他斩首，然后继续前行。在龙舟行至梁郡（今河南商丘）时，当地百姓联名给天子上书：陛下若执意南巡江都，天下将不再为陛下所有！杨广勃然大怒，命人将这些人全部砍杀。从此，再也没人敢阻拦龙舟，杨广终于可以一帆风顺地驶向江都了。

杨广之殇，魂断江都

江都，扬州。一座梦幻之城。自大禹九分天下以来，扬州便雄踞南方。扬州之于杨广，具有特殊的意味，也是他最钟爱的地方。这里既是杨广政治生命的起点，也是他生命中最灿烂时光的见证者，是他饱受江南烟雨滋润的诗魂诗韵养成之地。当然，江都（扬州）也成了杨广生命尽头的归宿！

大业十四年（618 年）末春的江都（扬州），烟花氤氲，草长莺飞，生机盎然。但是，这一切对于杨广而言，都显得那么疏离、灰暗。曾经的辉煌已经远去，完美的人生已经远去，活着也成了一种奢望——大隋成坏！杨广已经没有什么心思顾及这些。在人生的最后时光里，杨广彷徨、无助、痛楚、麻木……唯独没有后悔！

是的，杨广从不后悔。既然不能轰轰烈烈地生，那活着就尽情地享受吧！

大业十二年（616 年）冬十月，杨广到达江都后不久，他的终身挚友、忠心不二的臣子宇文述病死。这对于杨广而言，无疑又是一个沉重的打击。这令杨广倍感孤独，已经没有一个人值得他像信任宇文述那般去依靠了。杨广在伤感之余，除了厚葬宇文述外，还将其三个儿子——宇文化及、宇文智及和宇文士及委以重任。其中，除了宇文士及是杨广的乘龙快婿、驸马爷，娶南阳公主为妻外，任命宇文化及为从三品的右屯卫将军，宇文智及为将作少监。虽然宇文兄弟深得恩宠，但他们并不会有丝毫感恩戴德之心。事实上，在很早之时、至少在老三宇文士及成为驸马的那一刻起，宇文化及和宇文智及便联合起来，共同排斥宇文士及。

为排解内心的焦虑与不安，杨广便将主要精力投入到享受声色犬马的生活中，对于朝政也不大上心了。他调集十郡数万兵力，在今江苏常州一带为他建造宫苑，周围十二里，内为十六离宫，虽然规模比不上洛阳宫苑，但“奇丽过之”。史书还曾记载，大业十三年（617 年）夏，杨广派大量的宫人到处去抓萤火虫，捕得数斛之多，将这些萤火虫装在布袋里，等到了夜里，再带到郊外一齐放出，“光遍岩谷”，瑰丽异常，煞是好看。在江都的日子，杨广纵情声色，似乎早就把帝国的一切置之度外。

在人生的最后阶段，杨广的内心应该是十分矛盾的吧？一方面，这个残缺的、不再完美的、与原本期望的早就大相径庭的生命让他破罐子破摔、不再珍视，也懒得振作。因此，杨广时常“于苑中林亭间盛陈酒馔，敕燕王倓与钜、皛及高祖嫔御为一席，僧、尼、道士、女官为一席，帝与诸宠姬为一席，略相连接，罢朝即从之宴饮，更相劝侑，酒酣殽乱，靡所不至，以是为常。杨氏妇女之美者，往往进御。皛出入宫掖，不限门禁，至于妃嫔、公主皆有丑声，帝亦不之罪也”（《资治通鉴》卷一八一）。但是在另一方面，他体内的那份欲望却强盛不衰，他的感官仍旧十分敏锐，他对生命的美好与生活中点点滴滴的细节都念念不舍。曾经那个励精图治的天子，曾经雄图大业的梦想，皆化为了及时享乐，要么沉醉于美味珍馐，要么钟情于山水景致，体验着所剩不多的人生快乐。

其实，在杨广内心深处，那一桩桩一件件如烟往事，尤其那些曾经豪气干云的帝国伟业，还是会不由自主地浮上心头，从而生出些许的怅然若失，那是对偏安江都的无奈与苦闷："求归不得去，真成遭固春。鸟声争劝酒，梅花笑杀人。"一个"杀"字，是不是已经预示着杨广早已敏锐地觉察到危险处境？

是的，聪明敏锐如杨广这样的人，他一定已经感受到了浓浓的杀机。对此，司马光就在《资治通鉴》有如下描述：帝自晓占候卜相，好为吴语；常夜置酒，仰视天文，谓萧后曰："外间大有人图侬，然侬不失为长城公，卿不失为沈后，且共乐饮耳！"因引满沈醉。又尝引镜自照，顾谓萧后曰："好头颈，谁当斫之！"后惊问故，帝笑曰："贵贱苦乐，更迭为之，亦复何伤！"言语之间，杨广似乎已经看淡生死了，但这何尝不是一种无奈的自嘲呢？

明知自己的大限将至，贵为天子的杨广却无能为力，一任厄难的降临！

悲哉？悲夫！

在江都居留多日后，杨广已知天下大乱，便不再有北返长安或洛阳的想法，便有了把国都迁到丹阳（今江苏南京）的打算，这样尚可学南朝那样据守江东，二分天下。于是，他下令群臣在朝堂上议论迁都丹阳之事，内史侍郎虞世基等人都表示赞同，“迁都之举，实乃恢宏大禹功绩，百姓会勒石建碑歌颂万岁！”右候卫大将军李才却极力劝阻，并恳请天子即刻起驾回返长安，还当场慷慨陈词，与虞世基等人进行了一番激烈的争论，最后愤然下殿。此时，总掌文簿的门下录事、冀州衡水人李桐客眼见大隋天下岌岌可危，便不顾官位低下极力进言劝阻，对于李桐客的忠贞之心、坦荡之言，杨广根本听不进去，御史则乘机弹劾，竟被扣下“诽谤朝廷”的罪名，几乎丢了性命。自此，满朝文武皆阿谀奉承：江东百姓渴望陛下临幸已经很久了，陛下过江抚慰统治百姓，这是堪比大禹的功业。于是杨广下令修建丹阳宫，准备迁都丹阳。

这成了引发江都兵变的导火索。当时，随杨广巡幸江都的禁卫骁果军将士大多是关中人，因长期在外，对故乡的思念日甚一日。他们听说天子要迁都丹阳，——天子这是铁了心不想回长安了，很多骁果军将士便开始串联，策划逃回家乡。在此背景下，郎将窦贤第一个带头，他带领自己的部下西逃。杨广急令骑兵追赶，捕杀窦贤及其部下。但是，成功追杀窦贤的行动却并不能起到杀一儆百的效果，骁果军将士逃亡的现象日益增多，令隋炀帝一筹莫展、头痛欲裂。

骁果军最高统帅、虎贲郎将、扶风人司马德戡一向深得天子信任，杨广派他统领骁果军，驻扎在东城。司马德戡也非常思念家乡亲人，便找好友虎贲郎将元礼、直阁裴虔通商量，一番商讨之后，二人决定逃跑。主意已定，他们便开始分头行动，相互联络，参与的同谋人数越来越多，其中包括内史舍人元敏、虎牙郎将赵行枢、鹰扬郎将孟秉、符玺郎牛方裕、直长许弘仁与薛世良、城门郎唐奉义、医正张恺、勋侍杨士览等。他们日夜联系，刚开始时还有所顾忌，到后来居然发展到胆子越来越大，大庭广众之下都敢公开商议逃跑的事，似乎到了百无禁忌的地步！

本来，依照司马德戡等人的计划，准备在三月月圆那天结伴西逃。但事情的发展往往会超出人的预料。江都兵变的情节因为一个人而从根本上改变了剧本的方向——野心家宇文智及！对，就是杨广密友宇文述的二儿子宇文智及。原来，赵行枢、杨士览二人皆与将作少监宇文智及关系密切，赵行枢与宇文智及素来交好，而杨士览则是宇文智及的外甥。这一日，三人相聚，闲谈之余赵、杨二人便把他们的逃跑计划告诉了宇文智及。宇文智及听后兴奋至极，这真是一个千载难逢的机会！于是，他让赵、杨二人立即带自己去见司马德戡等人。见到司马德戡后，他分析道逃跑并非良策，乘此良机干一番大事，才是帝王之业！司马德戡等人听后，茅塞顿开，一致赞同宇文智及的意见，但是他们不敢自己出头，便由赵行枢、薛世良出面，要求宇文智及劝说其长兄、右屯卫将军、许国公宇文化及担任首领。宇文智及原本野心极大，想乘机夺取骁果军最高指挥权，这样极有可能自己也能当一回皇帝。但是，他见众人皆想要让自己的大哥宇文化及来当首领，虽然有些不痛快，却也十分无奈地接受了。宇文化及本就生性怯懦，胆小怕事，平庸无能，宇文智及心想，大哥平素都是听自己的，让他出任首领，实际上就等于自己掌权。这么一想，宇文智及心态才渐渐平复下来，他将众人的意见与自己的想法告诉了大哥。宇文化及一听，吓得面无血色、冷汗直冒，在众人的劝说下，最后不得不答应共同起事。

骁果兵变倒计时！万事俱备，只欠东风！

当然，这“东风”是可以人为制造出来的——司马德戡让许弘仁、张恺负责制造舆论。许、张逢人便说：陛下听说骁果军要反叛，就酿了很多毒酒，准备利用宴会之机，要把骁果军一网打尽，只和南方人留在江都。消息一发布，便流言四起，即便这是假的，但经过不断地发酵，很快便尽人皆知了。骁果军将士都很恐慌，他们奔走相告，更加速了反叛计划的实施。

大业十四年（618 年）三月十日，狂风大作，天气异常。司马德戡召集全体骁果军将士，宣布了叛乱计划，骁果军上下异口同声地大喝：愿听大将军的吩咐！当天黄昏，司马德戡将御厩中的马匹全部偷出，并将武器再次探寻一番；及近傍晚，元礼、裴虔通专门负责大殿内的守卫；唐奉义负责镇守城门，并与裴虔通等商量好——各门都不上锁。半夜三更时分，司马德戡在东城集合起数万骁果军将士，点燃火把与城外遥相呼应。杨广正在宫中饮酒，看到城内火光冲天，又听到宫外喧嚣之声，便询问发生了什么事。裴虔通赶紧上前禀报：回禀陛下，草坊失火，外面的人正在一起救火呢。当时宫城内外相隔绝，杨广便听信了裴虔通的说辞。宇文智及和孟秉集结一千多人，在宫城外劫持巡夜的候卫虎贲冯普乐，分头把守主要街道。

第二天（三月十一日）凌晨，司马德戡等人带兵从玄武门闯入宫城。杨广得知消息后，赶紧更换衣服逃到西阁永巷。裴虔通和元礼进宫，找到了杨广所在。裴虔通领兵守住隋炀帝，静待其他各路将领的消息。

至旦，孟秉以甲骑迎化及，化及战栗不能言，人有来谒之者，但俯首据鞍称罪过。化及至城门，德戡迎谒，引入朝堂，号为丞相。裴虔通谓帝曰："百官悉在朝堂，陛下须亲出慰劳。"进其从骑，逼帝乘之；帝嫌其鞍勒弊，更易新者，乃乘之。虔通执辔挟刀出宫门，贼徒喜噪动地。化及扬言曰："何用持此物出，亟还与手。"帝问："世基何在？"贼党马文举曰："已枭首矣！"于是引帝还至寝殿，虔通、德戡等拔白刃侍立。帝叹曰："我何罪至此？"文举曰："陛下违弃宗庙，巡游不息，外勤征讨，内极奢淫，使丁壮尽于矢刃，女弱填于沟壑，四民丧业，盗贼蜂起；专任佞谀，饰非拒谏；何谓无罪！"帝曰："我实负百姓；至于尔辈，荣禄兼极，何乃如是！今日之事，孰为首邪？"德戡曰："溥天同怨，何止一人！"化及又使封德彝数帝罪，帝曰："卿乃士人，何为亦尔！"德彝赧然而退。帝爱子赵王杲，年十二，在帝侧，号恸不已，虔通斩之，血溅御服。贼欲弑帝，帝曰："天子死自有法，何得加以锋刃！取鸩酒来！"文举等不许，使令狐行达顿帝令坐。帝自解练巾授行达，缢杀之。初，帝自知必及于难，常以罂贮毒药自随，谓所幸诸姬曰："若贼至，汝曹当先饮之，然后我饮。"及乱，顾索药，左右皆逃散，竟不能得。萧后与宫人撤漆床板为小棺，与赵王杲同殡于西院流珠堂。（司马光《资治通鉴·卷一八五·唐纪一》）

公元618年三月十一日，中国历史上最著名的皇帝之一、身负才华、能力、具有传奇色彩、富有理想和抱负的皇帝杨广，生命走到了终点。那个属于他的时代，也随之谢幕了！

宇文化及弑天子后，又将江都行宫中的皇家宗室、外戚，无论老幼一律杀死。只有杨广之侄、秦王杨浩平素与宇文智及关系交好，宇文智及想办法保全了他。随后叛军进行了大清洗，内史侍郎虞世基、御史大夫裴蕴、左翊卫大将军来护儿、秘书监袁充、右翊卫将军宇文协、千牛宇文皛、梁公萧钜等人及其亲属皆被杀死。

杨广，一代雄主，大业初成。念兹在兹的"千古一帝"的荣耀没能成就，却落得如此不堪的下场！

可悲！可叹！

第二节　大隋成坏，一切皆空

早在大业十三年（617 年），虽然身处江都的杨广能够偏安一隅，尽情享受他身为大隋天子最后的荣光，但其实大隋江山已经分崩离析、支离破碎了。除了河南瓦岗军的李密、河北的窦建德及江淮的杜伏威这三支最强大的变民集团外，各地贵族豪强亦纷纷举起反隋的大旗，其中以太原留守唐国公李渊、江都通守王世充声势最著。

当然，这些都与远在江都的杨广无关了。

霍邑大捷，入定关中

李渊父子晋阳起兵后，制定了北连突厥、兵进长安的战略。

起兵后第一要务是收买民心，以扩充实力。身处乱世，最好的收买民心手段是让老百姓有吃有穿。于是，李渊命令打开粮仓，赈济灾民，灾民们纷纷前来投奔。李渊的实力越来越壮大起来。

太原起兵后，如何号召天下呢？这成了一桩心事，既不能称帝，也不能再叫太原留守。裴寂认为，称“大将军”最合适。于是，大业十三年（617年）六月十四日，李渊置大将军府，实际上建立了属于自己的政权。李渊自任大将军，命长子李建成为左领军大都督、次子李世民为右领军大都督、女婿柴绍为右领军府长史（秘书长）、裴寂为大将军府长史、刘文静为司马。武士彟负责后勤装备的供应，刘政会负责民政管理，殷开山负责协调秘书，长孙顺德、刘弘基负责军事指挥等。

李渊刚当上“大将军”，突厥立即兑现了无条件支持的承诺，始毕可汗派人送了一千匹战马。李渊对突厥使者的态度十分恭敬，但他只买下了五百匹，并且还及时制止手下的将军们自己出钱将剩下的五百匹都买下来的想法。众人都有些莫名其妙，询问其中的缘由。李渊告诉他们如果把一千匹战马全买了，突厥人就会送来更多的战马，如此一来没完没了，那咱们的财力很快就会枯竭。现在咱们只买他一半的战马，即说明咱们并不很急需，同时，也表示我们很穷。

这是在向突厥示弱！大家都明白了。李渊的老谋深算，由此可见一斑。突厥人赶着剩下的五百匹战马北返时，李渊派刘文静随同前往，面见始毕可汗，请求突厥派遣骑兵与自己一起行动。但他只要求始毕可汗派出几百人即可，理由是：不敢劳烦太多的突厥勇士，怕给友好邻邦添麻烦！其实，李渊不是怕给突厥添麻烦，而是怕给自己带来麻烦。只要求突厥几百人，既从性质上肯定了与突厥的合作性质，又不至于产生消极的影响。因为李渊深知突厥贪得无厌的豺狼本性，也深谙“请神容易送神难”的道理，之所以选择靠近突厥，一是壮大自己的声势，二是避免自己的竞争对手（如大隋政府、刘武周、梁师都等）抢占先机获得突厥的支持，那样自己会非常被动、腹背受敌。

不得不说，李渊实在是深谋远虑，绝对是一个政治上的高手！

大业十三年（617年）七月四日，李渊率三万大军踏上了南下的征途，向着大隋帝国的心脏——长安大兴城挺进。他派四子李元吉为太原守将，负责看家。十天后的七月十四日，李渊大军抵达灵石，在距离霍邑城五十里的贾胡堡驻扎。非常不幸的是，在这里他们不仅遭遇了罕见的暴雨，还遇到了起兵以来的第一批强大的敌人——大隋虎牙郎将宋老生和左武侯大将军屈突通。

恶劣的天气，加上没有战胜宋老生、屈突通的把握，李渊在霍邑止步不前。正在此时，在洛阳与隋军激烈战斗的瓦岗军首领魏公李密令其谋士祖君彦起草了一份檄文，并公诸天下。这篇檄文细数了隋炀帝的“十宗罪”，李渊获知消息后，便动了联合李密的心思，毕竟敌人的敌人就是朋友嘛！于是，他让温大雅给李密写了一封书信，希望彼此能够联合作战。

李密接信之后非常重视，立即让祖君彦给李渊回信：你我虽然家世不同，也非同一宗派，但咱们毕竟都姓李，五百年前是一家。我自认才德微薄，不过是被大家共推为盟主的。如果能和唐公相互扶持，同心协力，除掉杨广，岂不是盛事一桩吗？希望您能协助我成就大业！很显然，李密这是委婉地要求李渊承认他的盟主地位，并希望李渊能带兵到河内郡与自己会合。

李渊接到李密的信后，有些左右为难起来。如果答应李密，自己只能向李密俯首臣服，同时也与自己晋阳起兵时向天下宣称的“只反暴君，不反大隋”言辞相悖。当初信誓旦旦地宣示虽然有些装腔作势、沽名钓誉，但毕竟已经说出了口，如果真的和李密结盟，那就相当于自己食言而肥、没有信用，极有可能前功尽弃；更有甚者，在西进长安的路途上还不知道会增添多少不必要的麻烦和困难！如果不答应？那也不行，万一李密翻脸，率军杀过来怎么办？

李渊思虑再三，和部下众人商量后，让温大雅再给李密回信一封，表明之所以要起兵，完全是出于自保的目的，并真心地拥护李密的盟主之位。在信中，李渊还不忘迎合李密，说：“天生蒸民，必有司牧，当今为牧，非子而谁？”

其实，整封信当中真正的内涵就是八个字——“盟津之会，未暇卜期。”

城府极深的李渊，深知自己的战略重点是什么，因此为了实现这一战略目标，必须要利用一切可以利用的力量，做好统战工作，最大限度地集中力量进攻长安。相比之下，李密则显得短视骄狂。在接到李渊的信后，他扬扬得意地向众将炫耀：唐公见推，天下不足定也？！于是，李密将全部注意力完全转向了东都方面，而默许了李渊向长安进发的行动。

安抚好李密，李渊却一点儿都高兴不起来。如何应对宋老生和屈突通的隋军？这只是问题的一方面，还有另一个严峻的挑战：恶劣的天气。老天和自己过不去，大雨已经接连下了二十多天，还是没有停的意思。由于连日大雨，军中马上就要缺粮断饷了，军心开始浮动。恰在此时，一个更加可怕的消息传来，割据马邑的刘武周投靠突厥，被封为定扬可汗。军中一时流言四起，一个最大的流言是说：刘文静没能搞定突厥人，始毕可汗正和刘武周策划着乘虚攻袭李渊的老巢晋阳！

种种流言加剧了局势的恶化。李渊好似热锅上的蚂蚁，不知所措。眼见形势日益严峻，连日来被折腾得死去活来的李渊产生了撤兵的念头。他觉得，再这样拖延下去，进退维谷的危险局面就会不断加剧，与其如此，还不如暂且退回晋阳，以后再伺机而动。主意已定，李渊便于七月二十六日召开了军事会议，商量对策。在会议上，以裴寂为首的老成持重者皆赞同撤军回家的主张。乍听起来，这是十分合理的，毕竟老家才是重中之重。如果家没了，什么都完了。

但是，以李建成、李世民为首的少壮派却坚决不同意返回晋阳，李世民指出：首先，根本不必担心军粮短缺的问题，现在正是粮熟季节，只是因为天气恶劣才造成粮草供应出现暂时的困难而已；其次，李密的瓦岗军在洛阳已经有效牵制住了隋军的大批有生力量。况且，兴义军的目的是为了天下苍生，为了拯救黎民于水火之中，如今只是遇到这么一点点小困难就退兵，那么聚焦在义旗之下的将士们必会军心动摇，到时候就算回军太原，也是困守一座孤城，有何意义？真的到那时，我们就不再是义军，而是沦为了盗贼。再说，刘武周和突厥虽然表面上是同盟，实际上却互相猜忌，难以统一行动；另外，刘武周既然能联合突厥攻击我们的后路，难道他就不怕别人也会联合突厥攻击他吗？最后，宋老生虽然厉害，但是他为人轻狂浮躁，一战可擒。

李渊已经下定决心要回兵晋阳，不愿采纳自己俩儿子的意见。他下令左路军先行撤回晋阳。李世民知道时，左路军已经踏上了返程。他越想越觉得后果可怕，于是他心急火燎地来找李渊，见到父亲后，李世民痛述必须坚定向前的理由。也许是幡然醒悟了，也许是被李世民的执着精神所打动，李渊终于才松了口，不再退兵。

历史似乎在这个夜晚发生了逆转。命运之神也因为这一转变而开始眷顾李渊父子。第二天，晋阳的粮草顺利运抵军营，军中有粮，心中不慌，大军斗志昂扬。三天后的八月初一，下了多日的雨终于停了，天色放晴。李渊立即下令大军在太阳下暴晒铠甲、器械。就在当天夜里，一个高明的作战计划制订了：李渊父子决定利用宋老生有勇无谋的弱点，用小股兵力引诱敌人出战。如果其龟缩不出，义军就指责他消极抗战、有意投降义军，而宋老生最怕这些闲言碎语，一定出战。

第二天（八月初二）一大早，李渊大军乘着天色尚显朦胧之机沿着山间小道，来到了霍邑城东。宋老生在霍邑城中惊出一身冷汗，赶紧穿好戎装，冲到城楼上查看军情。只见李渊、李建成正带着数千人马在城外的旷野上挑战，宋老生淡然一笑，不管义军要什么花样，他只坚守不出。但是，随着义军叫骂的不断升级，宋老生终于再也坐不住了，带着两万精兵一股脑儿冲出霍邑城。见宋老生率军出城，李建成便赶紧带兵后撤。怒上加怒的宋老生，一见义军后撤，更是怒不可遏，在后面紧追不舍。不一会儿工夫，两军便短兵相接，混战在了一处。隋军来势汹汹，李渊和李建成父子渐渐有些抵挡不住了。正在这危急时刻，李世民带领义军主力从山坡上俯冲而下。宋老生顿时从狂怒中清醒过来，明白自己中计了，他赶紧拨转马头往回撤。可惜一切都为时已晚。顿时隋军被冲得七零八落，宋老生好不容易杀出一条血路，退至霍邑城下，却被城中的隋军守将拒之门外。原来，城中守军看到情形不妙，便早早地将城门给关了起来。吃了闭门羹的宋老生肠子都要悔青了，可惜世间并没有后悔药。最后，他被刘弘基砍了脑袋。这一战，隋军惨败，“僵尸数里”。

真可谓一失足成千古恨，只因此前未能忍住一时之气，最终导致身死城破的结果。宋老生一死，霍邑成了李渊父子的囊中之物，通往长安的道路自此畅通……

霍邑大捷后，唐国公李渊的声望大增，每天前来归附的各路人马数以千计，既有各路的变民盗贼，也有残余的大隋军队，还有先观望再行动的各地小股割据势力。八月初三攻占霍邑之后，李渊大军势如破竹；初八陷临汾，十三日克绛郡，十五日便抵至黄河岸边的龙门（今山西河津）。同日，刘文静也从突厥回来了，一同前来的还有始毕可汗派来增援的五百突厥勇士及两千匹突厥战马。刘文静深知李渊的想法，对突厥是既要亲近，也要防范；还不想把他们推到刘武周那里，又不想让他们祸害太深。所以他才依照李渊的吩咐，只带来了五百名突厥士兵。如此，突厥便坚定地站在了李渊一边；而且，只带来五百名突厥士兵也便于管束，他们就不能无法无天。而两千匹战马，则可以大大增强义军的战斗力。果然，李渊对此十分满意。

八月二十四日，关中地区势力最为庞大的义军领袖孙华率部前来归降李渊。这就是得道多助的最佳证明。对此，李渊十分高兴，当即晋封他为左光禄大夫、武乡县公，任冯翊太守。李渊随即派孙华率本部人马先行渡河，以策应王长谐、刘弘基、陈演寿、史大奈等部六千人渡河。

九月十日，李渊率义军完成了对河东（今山西永济）屈突通的包围。在河东城下，李渊犯了难！是强攻劲敌屈突通据守的河东，还是绕过河东直接奔袭大隋帝国的心脏长安城？这个抉择颇有点类似于当年杨玄感黎阳起兵时的困惑——先打洛阳，还是先打长安！裴寂为代表的一些人主张，应先强占河东，因为长安方面除了屈突通这一支人马外，再无援军。屈突通兵精粮足，又英勇善战，现在就是他们的主心骨和希望。但是，如果弃河东而攻长安，屈突通必定会尾随追击。所以应该先攻下河东，再去占长安。否则，如果长安无法攻克，背后屈突通再进行突袭，届时腹背受敌，那可真是死地。所以，先打下河东，长安就会好打很多。

裴寂的意见不无道理，但李世民坚决不同意，他担心义军如果强攻河东城，极有可能陷入类似当年杨玄感的困境，被河东这样一座坚城吸引大量有生力量，从而既无力量、也无军心再指向长安。因此，他明确指出，自古以来兵贵神速，突袭长安，可以给敌人一个措手不及，一定可以轻而易举地攻占长安。如果滞留河东城下，久而无功，必然军心涣散。一旦人心散了，情形就非常不妙。因为，河东城池坚固，屈突通的人马又多是百战之士，短期内肯定拿不下来；而长安方面即可趁机加固城防。如此，则大势去矣。径去长安，则关中豪杰必然争相归附，屈突通固守之贼，何足道哉！

裴寂与李世民所说，均有道理。反复斟酌之后，李渊最终决定采取折中办法：在河东城下兵分两路：一路由大将吕绍宗等人率领，继续围困河东；另一路由他亲自率领，渡河西进，直指长安。九月十二日，李渊主力渡过了黄河。

九月十八日，李渊再次兵分三路：由李建成、刘文静、王长谐等统率第一军驻屯永丰仓，以达到一石三鸟的目的：一可遏潼关隋军，二防屈突通回援大兴，三阻东都方面可能的援军。由李世民、刘弘基、殷开山等率领第二军沿渭河北岸西进，迂回包抄长安城。第三军则由李渊亲自指挥，随后跟进。

屈突通得知李渊已经绕过河东城直接去攻打长安，大惊之下便立即率军前去救援，他亲率五万精兵向大兴进发。结果，在潼关被预先就驻防在那里的李建成、刘文静挡住，一筹莫展。

在李渊兵锋西进长安的过程中，长安附近郡县皆争相归附。李渊军队的实力，就像滚雪球一样，起滚越大、越滚越强。得民心者得天下，这是亘古不变的真理。现在的李渊，就是深得民心的一支势力，虽然总体上还不过是众多割据者之一，但以他非凡的眼光、能力、口号，越来越显现出其远远超越了其他所有的竞争者，当然也包括以眼光和战略见长的瓦岗寨领袖李密。李渊的号召力和政治纲领，得到了越来越多人的认可，其力量日益大增。

大业十三年（617 年）九月二十八日，李渊和他的两个儿子建成、世民会合一处，抵达长安城近郊。十月初四，李渊三大主力军二十万人马会师长安城下。长安俨然已经变成了一座孤岛。李渊严禁各义军扰民，同时多次派使者对守城的卫文升、阴世师等大隋守军宣称自己尊奉大隋皇室的意思。但长安城内卫文升等已经铁了心要与大隋、与长安城共存亡。在围困长安城十三天后，李渊见卫文升丝毫没有投降的意思，十月二十七日，李渊正式下达了总攻的命令。同时明令，攻城可以，但不能毁坏大隋的宗庙。这又是政治上的一招妙棋。

李唐二十万义军如潮水般地冲向了大兴城……经过无数次惨烈的殊死战斗，据守长安的隋军死伤惨重，箭尽粮绝。十一月初九，李建成的部下雷永吉第一个攻上了大兴的城墙，帝都随即陷落。城破前，卫文升已经病死，李渊便将阴世师、骨仪等十多人处死了，其余人等一概不予追究。

长安一破，关中、巴蜀、陇西等各郡县望风而降，李渊的势力迅速膨胀起来。

大业十三年（617 年）十一月十五日，李渊拥立杨侑为皇帝，是为隋恭帝，改大业十三年为义宁元年，同时遥尊远在江都的杨广为太上皇。

同年十一月十七日，大隋新帝杨侑册封李渊为唐王，委以大都督内外诸军事、尚书令、大丞相等要职。李渊随即封赏功臣，裴寂升为长史，刘文静升为司马，其他功臣各有擢用。二十二日，李渊封长子李建成为唐王世子，次子李世民为京兆尹、秦国公，四子李元吉为齐国公。

王世充坐大

王世充，字行满，本姓支。其父支收，是西域的胡人。支收父亲早亡，跟随改嫁的母亲到霸城王氏家中，随之改姓王，曾官至汴州长史。王世充博学多闻，广泛涉猎经史，尤其爱好兵法以及卜卦算命等方面的学问。隋文帝开皇年间，王世充因战功被授予仪同三司的官职，不断擢升为兵部员外郎；大业年间，因受杨广的赏识而被提拔为江都丞，兼任江都宫监。当时，杨广多次巡幸江都，王世充善于察言观色，奉承谄媚顺从天子之意，每次上朝谈论政事时，杨广总是称赞他。隋末，天下大乱，王世充乘机广泛收买人心，暗地结交英雄豪杰。

自大业九年（613 年）以来，王世充在征讨各地变民叛乱过程中屡战屡胜，先后剿灭了江南刘元进、齐郡孟让、河间郡格谦及江淮卢明月等部，声望日隆。大业十一年（615 年），发生雁门之围。王世充立即率江都的全部人马赶赴雁门救驾，在队伍中蓬头垢面，痛哭流涕得失去常态，日夜不脱盔甲，躺在草上睡觉。杨广听说后，更加宠信王世充。

大业十三年（617 年）七月，李密、翟让率瓦岗军猛攻东都，多次击败守军，洛阳告急。杨广急令各地精兵救援洛阳，江都通守王世充奉命率江淮劲卒二万人救援东都。由于此次救援行动的总指挥薛世雄进军途中在河间七里井被河北窦建德部歼灭，杨广随即任命王世充继任救援大军总指挥。九月，王世充等各路援军齐集洛阳，王世充与洛阳守将刘长恭胜利会师，隋军兵力达到十余万，士气大振，与李密的瓦岗军隔洛水对峙。王世充出兵主动向李密挑战，双方在洛口对阵，两军先后一百多次交战，不分胜负。杨广再次擢升王世充为将军，催促及早平定李密叛乱。王世充遂率部队渡过洛水跟李密决战，结果大败而归，因沿途天气恶劣冻死、逃匿又损失了好几万人，等到抵达河阳时，只剩一千来人。王世充自知罪孽深重，便在河阳自我囚禁，向驻守在洛阳的越王杨侗请罪。此时正是用人之际，杨侗派使者赦他无罪，并召王世充返回洛阳，驻扎在含嘉仓城，收集逃散的士卒，不久人数达到一万多人。此时的王世充，已经没有了当初的锐气，他所想的已经不是如何击溃李密，而是如何自保的问题了！不过，李密治下的瓦岗军内部发生内乱，翟让被李密杀害，这为王世充和洛阳城提供了难得的喘息机会。

大业十四年（618 年）三月十一日，宇文化及在江都发生兵变，缢弑杨广。五月，杨广驾崩的消息传到洛阳。太府卿元文都、武卫将军皇甫无逸、右司郎中卢楚及王世充等人拥立越王杨侗为皇帝，改元皇泰，大赦天下。史称“皇泰主”或“皇泰帝”，并追谥杨广为明皇帝，庙号世祖，其父元德太子杨昭为孝成皇帝，庙号世宗。杨侗随即进行了封赏：以段达为纳言、右翊卫大将军、代理民部尚书，王世充任纳言、左翊卫大将军、代理吏部尚书，元文都为内史令、左骁卫大将军，卢楚也任内史令，皇甫无逸任兵部尚书、右武卫大将军，郭文懿任内史侍郎，赵长文任黄门侍郎。王世充与段达、元文都等六人共同辅政，时人称为“七贵”。小皇帝委任他们以机密要务，并制作金书铁券，藏在宫廷里。杨侗登基时，洛阳已被李密重重包围，有效统治范围只有洛阳一城。

大业十四年（618 年，皇泰元年、义宁二年）六月，宇文化及率领江都叛军抵达洛阳郊外，意图攻克洛阳作为根据地。此时，洛阳成了三方——杨侗、李密和宇文化及争取的焦点。杨侗占据地利，踞守洛阳；李密则势力最盛；宇文化及所部来势汹汹。三方势力各有优势，形势变得微妙起来。

洛阳城内，元文都与卢楚等人正在商讨对策，决定运用驱虎吞狼之计，用国库的资财和高官厚禄来暂时利诱李密，让他去攻打宇文化及。这样就能让两伙叛军自相残杀，宇文化及实力不济，注定会失败，但是李密的兵马即使获胜也必然会疲惫不堪。再者，李密的将士得到朝廷的奖赏，又担任着朝廷的官职，只要平时多和他们建立感情，就容易运用离间之计，让瓦岗军内部发生分裂。届时即可钻空子，再去对付李密，这样还是有取胜的机会的。卢楚等人都十分赞同元文都的主张，认为该当如此。当天，杨侗即派使者盖琮、马公政赴瓦岗军大营招降李密。当时，王世充专横跋扈，杨侗想要借助李密之手除之，便授予李密太尉、尚书令、东南道大行台行军元帅、魏国公的官职，并诏令他讨伐宇文化及，声称一旦平定宇文化及之后便让李密前来东都辅政。

为避免瓦岗军两面作战、腹背受敌，李密决定接受杨侗的册封。大业十四年（618 年）七月，李密出兵讨伐宇文化及。在黎阳城下，李密与宇文化及相遇，李密获悉宇文化及的部队军粮匮乏，若与其速战速决对敌有利，所以并不出战，只是堵住宇文化及的退路。诈称要和宇文化及讲和，联合攻打洛阳。宇文化及不知是计，十分高兴地答应了，便任凭其士卒无拘无束地放开肚皮吃。正在宇文化及满心指望李密会送来粮食之际，一个从李密军中叛逃的士卒把李密的毒计告诉了宇文化及。宇文化及才知中计，差点没背过气去。盛怒之下，宇文化及决定趁着士卒刚刚吃饱、战斗力达到顶峰之机即刻向李密大军发动进攻。于是，两军在卫州童山脚下展开激战。这场大战，从早上七点开战，一直打到下午七点，整整六个时辰。战场上异常惨烈，宇文化及的铁军将李密的瓦岗军冲得七零八落，就连主帅李密都被一箭射中，栽下马来，人事不省。幸得秦叔宝及时赶到，以一己之力将敌人逼退，随之将李密救起。李密在苏醒之后，立即会同秦叔宝，率部反击。

终于，战场上的形势发生了逆转，宇文化及军士气低落，兵败如山倒，李密乘机挥师挺进，将宇文化及打得抱头鼠窜。李密大胜而归。经此一役，宇文化及基本丧失了战斗能力，虽然还在苟延残喘，但已经好景不长了。更为重要的是，宇文化及的十万大军，没有根据地，无人马补充，无粮食供应的保障，属于流动作战。一旦粮食吃光，宇文化及所部立即就沦为了乌合之众。

宇文化及粮草断绝，一败涂地，士卒多半叛逃，其部将陈智略、张童仁先后率部归降了李密，连驻守东郡的王轨也投降了李密。

宇文化及在军事上一败涂地，在政治上众叛亲离，只得带着剩下的两万人马逃到了魏县（今河北大名）。

经此一役，交战双方可谓两败俱伤。宇文化及固然惨败，但李密也损失惨重。

此时的洛阳城内，形势发生了新的变化。王世充野心勃勃，觊觎权势日久。他对李密十分忌惮，见李密在与宇文化及的作战中不断获胜，心生不安。于是，王世充便与手下各将领分析，之前曾与李密多次作战，杀死李密部不少父兄子弟。一旦成为他的下属，生路渺茫。王世充原本说这番话的目的是为了激怒他的将士们，以便抵拒李密。谁知，将士们一听，人人自危，大家都很是惶恐。但元文都等人听说这件事后恐惧异常，害怕王世充心生不臣之心，便与卢楚等人商议，想趁王世充上朝之机，布下伏兵杀掉他，时间都已约好。但是，平庸怯懦的纳言段达却偷偷地派其女婿张志将元文都、卢楚等人的计谋提前告知了王世充。

当天夜里，王世充率人马包围宫城，将军费曜、田阇等人在东太阳门外迎战。结果费曜战败，王世充夺取城门冲进了宫城，将军皇甫无逸只身逃脱，卢楚被抓杀害了。刚开始的时候，元文都听说变故已生，便来到乾阳殿伺候皇泰主，指挥部队保卫，命令将士们凭借城池抵御王世充。段达诈称杨侗诏令，将元文都捉拿送给王世充，随即就被乱棍打死；段达又诈称皇泰主命令，打开宫门迎接王世充，王世充拜见皇泰主，谢罪称元文都等人犯下不可饶恕的罪行，阴谋制造内乱，情况紧急才采取这种办法，万不敢背叛陛下。皇泰主于是与王世充盟誓。当天，皇泰主擢升王世充任尚书左仆射，总掌督朝廷内外各项军务。王世充从此独揽大权。任命其兄王世恽为内史令，进驻皇宫，侄子后辈都握有兵权，镇守各地城镇。

不久，李密击溃宇文化及，班师回朝。李密在与宇文化及的作战中本就损失惨重，王世充挑选两万多精锐骁勇将士、战马两千多匹，在洛水南边扎营，准备伺机攻打李密。李密驻扎在偃师的北山头。夜间，王世充派遣三百多名骑兵秘密进入北山，埋伏在山谷中，准备黎明时分进逼李密。李密轻敌应战，阵形尚未摆好就打了起来。王世充埋伏的骑兵居高临下发起冲锋，冲向李密的营地，并放火焚烧敌军营帐，李密大败，只得退守洛口。李密逃走后，其在各地的守将纷纷向王世充投降。王世充占领了李密原有的全部地盘，势力范围从洛阳一城猛然扩展到整个河南。与此同时，王世充还得到了李密部下的秦叔宝、程知节、罗士信、裴仁基、单雄信等诸多猛将，一时间人才济济、势力膨胀。

大隋成坏，一切皆空

自大业十三年（617 年，义宁元年）李渊攻占京师长安、立杨侑为帝开始，历杨广被缢弑，再到元文都、王世充等拥立杨侗为帝，到最后杨侑、杨侗分别被迫禅位于李渊、王世充，历时近三年。最终，唐高祖武德二年（619 年）五月，杨侗被弑，大隋的国祚最终湮灭。大隋帝国自杨坚受禅代周至杨侗被弑，曾经的繁华、鼎盛与富强，都在历史的烟尘中破灭了。这正是岁月如梦，一切成空！

不禁扼腕，令人唏嘘！

大业十三年（617年，义宁元年）的最后那段时间，李渊的势力在急剧扩张。一方面李世民在扶风大破薛仁杲，震慑西北的薛举；一方面李孝恭兵进巴蜀，四方宾服。与此同时，平凉郡（今宁夏固原）留守张隆、河池郡（今陕西凤县）太守萧瑀、扶风郡太守窦琎等亦相继归附。李渊命窦琎为工部尚书，封燕国公；命萧瑀为礼部尚书，封宋国公。

公元618年，在中国历史上，这一年尤其显得不同寻常——年号之多，令人瞠目。

“年号”，自从汉武帝开创以来，就成为标识帝王正统的标志，称为“奉正朔”。一个政权如果使用另一个政权的年号，就会被认为是藩属、臣服的标志之一。因此，通常情况下一年中天下应该只有一个年号。

但是，618年这一年，大隋天下竟然有不下二十个年号，这还是不完全统计。首先，这一年是隋明帝杨广“大业”十四年（李唐君臣追谥“隋炀帝”，这一称谓后世更为流行），同时又是杨侑“义宁”二年（李渊掌实权），而且还是杨侗“皇泰”元年（王世充掌实权）、杨浩“天寿”元年（宇文化及掌实权），更是唐高祖李渊“武德”元年。此外，那些大大小小的割据势力对这一年的称呼也各有不同：河西的凉帝李轨称“安乐”元年、河北的夏王窦建德称“五凤”元年、魏县的许帝宇文化及称“天寿”元年、河南的楚帝朱粲称“昌达”元年、陇西的秦帝薛举称“秦兴”二年、马邑的定杨天子刘武周称“天兴”二年、江南的梁王萧铣称“鸣凤”二年……

眼花缭乱！

这在中国历史上绝无仅有，即便是在大分裂的时代，一年之中也没有如此之多的“年号”！

大业十四年（618 年，义宁二年、皇泰元年）正月初一。新年要有新气象，李渊离他未来的皇帝宝座更近了一步——隋恭帝杨侑颁诏：唐王李渊可以“剑履上殿、赞拜不名”。就是说，从此李渊可以佩剑、穿靴上朝，而无须像其他大臣要解下佩剑、脱下朝靴；而且，李渊奏事时，也不用再由侍臣唱名。此中的意味深沉，历代的权臣都曾经享有过这项特权，最近的一人便是李渊的姨父、隋文帝杨坚。他在篡周前夕也曾受过如此礼遇。在新年的第一天，李渊获得了这项特权，似乎在向世人宣示——李渊已经向不远处的那张皇帝宝座迈出了一大步。同时，这也等于向天下发布了一则政治启事——大隋距离寿终正寝已经为时不远了！

正月二十二日，李渊命世子李建成为左元帅、秦国公李世民为右元帅，率诸路兵马十余万人挥师向东都挺进。二月初四，李渊再命太常卿郑元琦进军南阳郡（今河南邓州），命左领军司马马元规进军安陆郡（今湖北安陆）及荆襄地区。

唐王李渊的政治野心已昭然若揭，正在竞逐天下的各方群雄纷纷为之侧目。大家都开始意识到，占据长安的李渊才是最具威胁的竞争对手。

大业十四年（618 年，义宁二年、皇泰元年）开春以来，中原形势骤然一变，数股实力强劲的人马摆开了架势。既有李密的三十多万训练有素的瓦岗军，也有东都守将王世充，实力虽然稍弱，但也算是一支劲旅；再加上正从徐州气势汹汹扑向东都的宇文化及十多万大军。如果这几大势力合在一处，实力超群，光人马就有五六十万之众。同年四月初，李建成与李世民率领唐军抵达东都洛阳附近的芳华苑。他们比自江都直奔东都的宇文化及部抢先一步到达中原。李氏兄弟发现，此刻的东都成了一只烫手山芋，而非群雄逐鹿的“肥鹿”。因此，李世民以他非凡的战略眼光作出了明智的选择——退出争夺东都这一“逐鹿”大戏，放弃原有的作战计划。如果他们强行参与东都争夺战，就算真的获胜了，也会极大地损耗自身实力；再退一步，即便能攻下东都，能不能守得住也是一个未知数。更何况，此时关中刚刚平定，根基尚不稳固；更严峻的现实是，自己兄弟此次所率的各路大军几乎是长安精锐的全部，一旦西北的薛举和梁师都此时乘虚而入、进攻长安，那么后果将不堪设想。所以，李世民在与哥哥李建成商议之后，决定暂时先班师，三十六计走为上；这样他们就可以置身事外，坐山观虎斗，作壁上观。等到各大势力互相拼杀到最后，自己再来做个得利的“渔翁”，摘取最后的胜利果实。

当然，该有的姿态还是要展现一下的，李氏兄弟在后撤之前仍不忘向东都的杨侗朝廷表示增援之意。当然，对于李氏兄弟一番“好意”，身在东都的杨侗和元文都并不上当，他们始终紧闭城门。除此之外，唐军还与李密的瓦岗军进行了一次试探性的交手，之后就各自按兵不动。毕竟，双方都十分清楚，夺取东都的时机尚未成熟。

见形势胶着，李建成、李世民兄弟决定于四月初四这一日班师。拔营之前，李世民预判，己方军队一旦撤退，东都必定会尾随追击，便在三王陵（洛阳城西南）设置了三道埋伏，严阵以待。果然，唐军刚刚启程西行，东都的段达就尾追而来。结果段达的一万多隋军遭遇唐军伏击，大败而逃。李世民乘机反身追击，一直将段达追到了洛阳城下，斩杀了四千多人。随后，李世民又在东都附近设置新安郡（今河南新安）和宜阳郡（今河南宜阳）两个据点，命部将史万宝和盛彦师镇守新安、吕绍宗和任环镇守宜阳。这一北一南互为犄角的两个据点，可协同攻防，一面窥伺东都，一面作为防卫潼关的门户，其战略意义远比直接占领东都要重大得多。这绝对是一招妙棋！

中原的形势瞬息万变，整个大隋帝国的局势也是云谲波诡、变幻莫测。

大业十四年（618 年，义宁二年、皇泰元年），大隋帝国天子杨广在江都被兵变的宇文化及缢弑。杨广驾崩，在事实上已经宣告大隋帝国的覆亡。

后杨广时代，天下更加纷乱动荡。四月，梁王萧铣正式称帝，并迁都江陵（今湖北江陵）。随即，萧铣的势力迅速膨胀，统治区域东起九江（今江西九江）、西至三峡（今湖北与重庆交界处）、南至交趾（今越南）、北至汉水（今汉水以南），拥兵四十余万，成为当时南方最大的一支割据政权。

大业十四年（618 年，义宁二年、皇泰元年）五月，“炀帝凶问至长安，唐王哭之恸，曰：‘吾北面事人，失道不能救，敢忘哀乎！’”李渊内心是否真的哀恸异常，或许只有他自己知道。但表面文章已经做足，接下来就是正式摊牌的时刻了。接下来发生的一切举世皆知：五月十四日，隋恭帝杨侑受禅于唐王李渊，杨侑则搬回代王府居住。六天后的五月二十日，李渊在太极殿登基称帝；同时祭天、大赦，改元武德。长达近三百年的大唐帝国正式登上了历史舞台的中央！李渊是这一伟大时代的开创者，后被追尊太武皇帝，庙号高祖。唐武德二年（619 年），杨侑病死（一说遇害），谥号恭皇帝，葬于庄陵。

大业十四年（618 年，义宁二年、皇泰元年）秋，从童山之战败逃、退守到魏县的宇文化及郁闷无比，从江都带出来的十几万人马已经所剩无几，死的死、逃的逃；而且魏县根本不是一个牢固的根据地，北有虎视眈眈的窦建德，南有骁勇善战的瓦岗将领徐世勣。眼见局面日蹙，却无计可施。宇文化及兄弟只能整天唉声叹气、借酒浇愁。眼看部众越来越少，自知末日即将降临、帝王梦就要破碎的宇文化及仰天长叹：人生故当死，岂不一日为帝乎？抱着“过把瘾就死”的决绝，宇文化及豁出去了。当年九月末，宇文化及鸩杀傀儡皇帝杨浩，然后登基称帝，国号许，改元天寿，同时设立文武百官。

王世充在邙山之战中大败李密后，皇泰主晋封他为太尉，开太尉府。从此，朝中事务无论大小都决于太尉府。有识之士皆知王世充怀有二心。一次，王世充吃了皇泰主赏赐的食物，结果大吐一场，怀疑食物有毒，从此不再朝觐皇泰主。在其授意下，云定兴、段达要求皇泰主赏赐给王世充九锡，发出了夺取政权的信号。皇泰二年（619 年）三月，皇泰主封王世充为相国、郑王，赐予九锡，统管百官。四月，王世充假皇泰主之名颁诏，受禅帝位；并派其兄王世恽到含凉殿废黜皇泰主，僭位为帝，建年号开明，国号为郑。六月，王世充派侄儿王行本鸩杀皇泰主，并追赠谥号“恭皇帝”。

至此，大隋所有杨氏血脉的傀儡皇帝全部退出了历史舞台。大隋余绪全部湮灭在历史的尘埃里。大隋自公元 581 年肇基，至公元 618 年杨广被弑，再到公元 619 年全部杨氏血脉退出历史舞台，前后三十多年。在这不长不短的三十多年时间里，大隋既创造了无数辉煌的丰碑，“开皇之治”、“大业盛世”、修缮长城、大建粮仓、凿通大运河、开创科举制、三省六部制……光耀千古。

同时，天下纷乱、二世而亡，留下了千载骂名，令人不胜唏嘘。

抚今追昔，大隋已经成了过眼云烟，一切成空。

后记

大隋国祚三十余载。其兴也勃焉，其亡也忽焉！

纵览大隋风云，细细品味大隋帝国的兴亡历程，我们既为其二世而亡感到扼腕，又为杨广感到可惜。身为天子，杨广即便开创了不世“大业”，却不能将帝国传承下去，没有真正缔造不朽的功业，反而葬送了大好江山！

时间已经过去了近1400年，我们仍然需要认真地反省隋亡的教训，以资今鉴。

若想总结隋亡教训，我们首先可以借鉴大隋的继任者们的经验总结。大唐帝国的第二任天子，被后世无数人推崇备至的李世民，因亲身经历了隋末战乱，因此认识深刻、反思透彻。归结起来，李世民君臣所认识的隋亡教训不外乎三点。

第一，好大喜功、不恤民力。

隋炀帝（这是本书郑重其事地第一次在行文中使用“隋炀帝”

这一称谓，因为相比于隋明帝、隋世祖或杨广本名，隋炀帝之称更为世人熟知。——笔者注）劳民伤财，过度地役使百姓，使得天下民不聊生、战乱频仍。隋炀帝在位十四年间，连年启动大型工程，大兴土木，体现了性格中的好大喜功的特点，百姓徭役、兵役繁重，抢夺农时、破坏经济，使得百姓生活在水深火热之中，看不到希望和未来，自王薄首义开始天下变民蜂起反抗。与此同时，他还穷兵黩武，连年的对外战争，尤其是三次东征高句丽，惨败而归，更加剧了社会矛盾的激化。隋炀帝一向视百姓如无物，认为他们不过是一群乌合之众，帝国能给他们活路，就是莫大的仁慈与恩惠。隋炀帝对于百姓生死，向来是漠视的；当然不可能体恤民情。针对这一教训，唐太宗李世民君臣可谓认识得鞭辟入里、深得其中三昧：民如水，君如舟。水能载舟，亦能覆舟。李世民君臣深刻地认识到百姓的力量，正所谓“得民心者得天下”，就是这个道理。因此，李世民贞观年间轻徭薄赋、体恤民力，开创了贞观之治的盛世。

第二，刚愎自用、拒绝纳谏。

这一点，在前文中已数次提及。隋炀帝是极聪明的人，既拥有远大的抱负，也有创造不世大业的雄心，更极富才华与追求。但是，杨广不是神，他英明神武，但他也是温室里的“花朵”，经不起失败与挫折的摧折，在遭遇失败的时候往往会进退失据、不知所措。尤其在逆境中，往往自尊心泛滥，听不进别人的意见，对于正确的谏言也一概排斥。在东征高句丽问题上、在三巡江都问题上、在对待变民叛乱问题上……诸多问题的处理，隋炀帝都错失了扭转形势的大好时机。其原因正在于他拒绝纳谏，刚愎自用。因此，唐太宗李世民继位以后，汲取隋亡教训，从谏如流。中国历史上，最著名的一对君臣——唐太宗与魏徵二人共同演绎了一段纳谏与进谏的千古佳话。贞观之治的出现，在很大程度上正是由于唐太宗善于纳谏、汲取隋亡教训而换来的盛世！

第三，纵容腐败、怙恶不悛。

隋亡所有原因之中，有一条是历来不被人所关注的。或者说被很多人所忽略的一条，就是隋炀帝对官场贪腐近乎变态地纵容与包庇。这种对腐败的宽宥纵容，令大隋帝国贪腐盛行、嚣张霸道，最终导致隋亡。

隋炀帝对宇文化及的纵容，就是最好的例子。宇文化及是一个懦弱无能的“官二代”，但他却奢靡贪腐，“不循法度，好乘肥挟弹，驰骛道中，长安谓之轻薄公子”。尽管宇文化及被多次举报揭发贪污受贿，但最终都化险为夷，靠着隋炀帝的庇护而从轻发落、不了了之。因此，宇文化及变得愈加贪婪，最终才会在江都铤而走险、发动兵变。其实，人的贪欲绝不只限于对金银财富和声色犬马的追求，还有对权力的占有，这才是更具致命性的诱惑。既然贪腐可以攫取财货珠宝、既然能用金钱买来高官显爵，那么，当贪官手中积聚了足够数量的巨额财富，并足以养活一支军队发动一次叛乱时，他为何不能觊觎皇权、谋朝篡位呢？公元618年，宇文化及在江都发动兵变，弑杀隋炀帝。这样的结果，正是隋炀帝纵容贪腐造成的严重后果。

历史大潮，汹涌澎湃，千回百转。时光流转，岁月变迁。大隋帝国已经被深深地掩埋在历史的深处。但是，曾经的绚烂荣耀，曾经的激情豪迈，至今想来仍令人心潮起伏，无法忘怀。

往者不可追，来者犹可鉴！

谨以此文，向大隋致敬，向历史致敬！